Janeiro 1 2 3 4 5 6 7 8 9 10 11
Fevereiro 1 2 3 4 5 6 7 8 9 10 11 12
Março 1 2 3 4 5 6 7 8 9 10 11 12
Abril 1 2 3 4 5 6 7 8 9 10 11
Maio 1 2 3 4 5 6 7 8 9 10
Junho 1 2 3 4 5 6 7 8 9 10
Julho 1 2 3 4 5 6 7 8
Agosto 1 2 3 4
Setembro 1 2 3 4
Outubro 1
Novembro
Dezembro

29 30 31

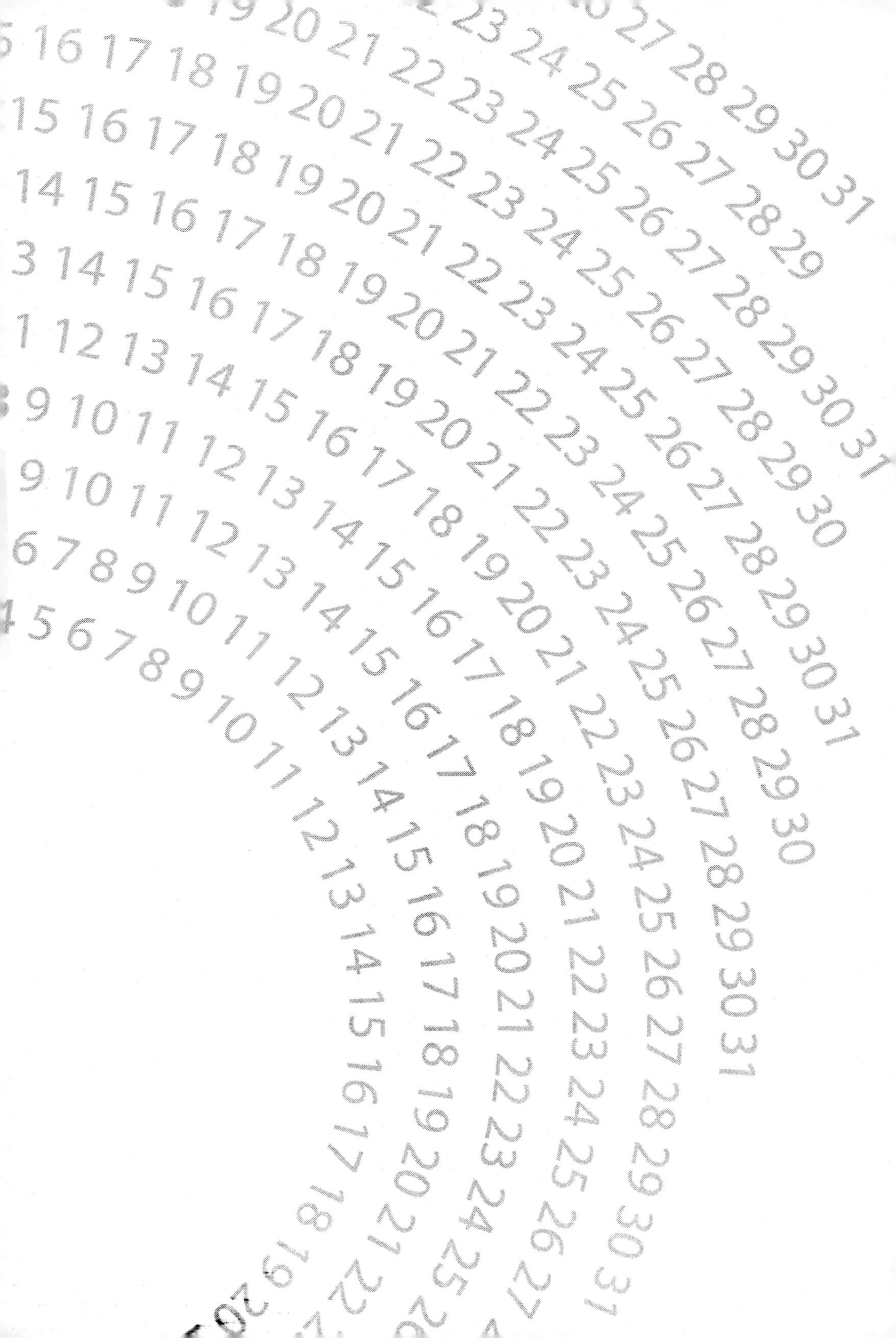

UM TERÇO DA VIDA

Copyright © 2016 by Wanderley Oliveira

1ª edição | fevereiro 2016 | do 1º ao 7º milheiro
1ª Reimpressão | Julho de 2016 | 8º ao 10º milheiro

Dados Internacionais de Catalogação Pública (CIP)

D871   DUFAUX, Ermance (Espírito)

Um terço da vida / pelo espírito Ermance Dufaux; psicografado por Wanderley Oliveira. — 1ª ed. — Belo Horizonte: Dufaux, 2016.

281p.   16 x 23 cm

ISBN: 978-85-63365-79-8

1. Espiritismo   2. Espiritualidade   3. Relações humanas
I. Título   II. OLIVEIRA, Wanderley

CDU — 133.9

Impresso no Brasil   Printed in Brazil   Presita en Brazilo

Editora Dufaux
R. Contria, 759 - Alto Barroca
Belo Horizonte - MG, 30431-028
(31) 3347-1531
comercial@editoradufaux.com.br
www.editoradufaux.com.br

 Conforme novo acordo ortográfico da língua portuguesa ratificado em 2008.

Os direitos autorais desta obra foram cedidos pelo médium Wanderley Oliveira à Sociedade Espírita Ermance Dufaux (SEED). Todos os direitos reservados à Editora Dufaux. É proibida a sua reprodução parcial ou total através de qualquer forma, meio ou processo eletrônico, digital, fotocópia, microfilme, internet, cd-rom, dvd, dentre outros, sem prévia e expressa autorização da editora, nos termos da Lei 9.610/98 que regulamenta os direitos de autor e conexos.

$\frac{1}{3}$ DA VIDA

Wanderley Oliveira
Ermance Dufaux

Série
Romance Mediúnico

SUMÁRIO

Prefácio 9
Enquanto o corpo dorme, a alma desperta

Introdução 13
O trabalho do Arcanjo Miguel na psicosfera do planeta

Capítulo 01 23
Esquecimento do passado e memória emocional

Capítulo 02 51
Socorros noturnos no astral de São Paulo

Capítulo 03 73
Novos trabalhadores para o Lar de Tereza

Capítulo 04 97
Lembrança das atividades realizadas

Capítulo 05 113
A palavra libertadora de Chico Xavier

Capítulo 06 139
Trabalhadores dedicados ou estressados?

Capítulo 07 159
Tratamento espiritual para um caso de fofoca

Capítulo 08 173
Recrutando trabalhadores para o Hospital Esperança

Capítulo 09 195
Limpeza energética dos encarnados

Capítulo 10 221
Escolas preparatórias no Hospital Esperança

Entrevista com Maria Modesto Cravo......245

Experiências durante o sono........................257
Histórias enviadas pelos leitores

PREFÁCIO
ENQUANTO O CORPO DORME, A ALMA DESPERTA

Os apontamentos da nossa equipe foram elaborados sob a orientação do doutor Fernando, valoroso colaborador do Hospital Esperança — eles nos permitiriam o desenvolvimento de alguns volumes de livros. No entanto, mantendo a fidelidade ao objetivo de nossa equipe espiritual, destinamos aos encarnados somente os pontos mais relevantes, para que visualizem a riqueza dos acontecimentos e as amplas possibilidades de atuação da misericórdia divina durante a liberdade da alma no sono físico.

O que seria da saúde do homem no corpo físico sem a energia vital absorvida durante o sono? Como a mente encontraria soluções para seus desafios sem o encontro noturno com seus tutores amoráveis? Como dissolver a sombra da obsessão e da tormenta sem esses breves períodos de luz nos planos espirituais?

A atividade noturna fora da matéria representa um terço da vida no corpo físico e é considerada por nós como o período mais rico de espiritualidade, oportunidades e esperança.

Que os nossos propósitos sinceros de servir e amparar possam sensibilizar ainda mais os amigos e irmãos para uma jornada mais consciente em suas noites de emancipação.

Sem dúvida, enquanto o corpo dorme a alma desperta.

Que Jesus os inspire nas reflexões e no aprendizado.

Recebam meu abraço fraterno.

Ermance Dufaux

Belo Horizonte, novembro de 2015

INTRODUÇÃO
O TRABALHO DO ARCANJO MIGUEL NA PSICOSFERA DO PLANETA

> "E houve batalha no céu; Miguel e os seus anjos batalhavam contra o dragão, e batalhavam o dragão e os seus anjos; mas não prevaleceram, nem mais o seu lugar se achou nos céus. E foi precipitado o grande dragão, a antiga serpente, chamada o Diabo, e Satanás, que engana todo o mundo; ele foi precipitado na terra, e os seus anjos foram lançados com ele."
>
> *Apocalipse 12:7-9.*

A Terra está muito bem amparada, e só não está melhor por causa da falta de cultivo dos valores nobres nas sociedades. Ter amparo não quer dizer não ter problemas, pois em todas as intervenções de ajuda há um limite natural a ser respeitado.

Vamos usar uma analogia para o melhor entendimento dessa dinâmica: Pense em uma lixeira. Ela tem um limite para acondicionar os detritos, sendo necessário que o lixo seja transportado para locais apropriados ou, caso contrário, os efeitos serão indesejáveis, pois se criará um ambiente favorável ao crescimento de bactérias e insetos causadores de diversas enfermidades.

Na atualidade o planeta passa por um processo muito similar. A matéria mental, emitida pelos encarnados e desencarnados na psicosfera astral mais próxima às vibrações do plano físico, forma uma camada espessa e tóxica, e esse lixo astral cria um ambiente propício para a cadeia reprodutora de microrganismos poderosos e destrutivos que se multiplicam velozmente, assegurando suas propriedades genéticas. Boa parcela das doenças no corpo físico com causas ignoradas sofre algum grau de influência dessas colônias microbianas, desde quadros mais simples até os mais complexos, podendo provocar, inclusive, o desencarne.

A aura do planeta está tão densa que temos monstros energéticos com vida própria, produzidos pela matéria da culpa, da mágoa, do interesse egoísta, da maldade e do medo, disseminando uma potente corrente bacteriana sobre todos os continentes. Esse cinturão de miasmas astrais chega ao ponto de impedir muitas pessoas de efetuarem a independência da alma por meio do sono noturno.

Os engenheiros siderais do sistema solar tomaram providências emergenciais ao acompanharem essa catástrofe espiritual. Uma das missões mais importantes na hierarquia dos guardiões da atualidade é a limpeza sistemática de vibrações e proteção dessa faixa astral da psicosfera mais próxima à matéria física — são os faxineiros da luz impedindo a contaminação global definitiva e irreversível nessa batalha colossal do bem contra o mal.

Se essas limpezas não fossem feitas, possivelmente a existência humana na Terra estaria comprometida, pois, ao se emancipar à noite em busca de alimento espiritual essencial à sua vitalização, a alma não teria como consumir a energia da vida. Muitos não conseguiriam sequer sair do corpo se a camada astral continuasse a se proliferar e intensificar sem a providência da bondade celeste.

A hierarquia responsável por esse asseio coletivo do planeta é comandada pela equipe de proteção do Arcanjo Miguel e sua falange de guardiões. Usando potente tecnologia de mundos mais desenvolvidos, capazes de produzir fogo etérico, essas falanges trabalham com muita organização e metodologia para alcançar os objetivos nobres de saneamento e preservação.

Após o pôr do sol é feita a remoção desse lixo mental proveniente de bilhões de mentes ainda apegadas às emanações grosseiras. A limpeza é feita no chamado período áureo, entre 19 e 22 horas, antes da grande maioria das pessoas se emanciparem do corpo físico pelo sono, podendo se estender até às 23 horas, dependendo da gravidade e da densidade da matéria em determinadas faixas.

Esse sistema de trabalho orienta-se pelos fusos horários do mundo físico. As 24 linhas longitudinais[1], os conhecidos meridianos, passam por uma faxina de várias equipes, cada uma responsável por um meridiano. Diariamente, obedecendo à direção oeste-leste da rotação da Terra, o planeta é completamente varrido e esterilizado. Cada equipe precisa de no mínimo três horas para cumprir com o asseio de ponta a ponta da linha longitudinal que estiver sendo esterilizada. Todo o processo tem início sobre o Meridiano de Greenwich e em 24 horas todas as etapas do serviço são concluídas. As equipes vão se deslocando e aquelas que terminam sua tarefa dão suporte às outras que estão iniciando. Cada equipe que começa o asseio em um meridiano vai gastar, portanto, três horas de um polo a outro no planeta (aproximadamente 15.000 quilômetros), dentro daquele fuso, para completar o asseio, sendo que nas regiões polares esse trabalho não se faz tão necessário.

---

[1] O globo terrestre é dividido em 24 linhas longitudinais. Cada ponto corresponde a uma hora. Cada um dos 24 pontos longitudinais corresponde a um fuso horário. O Meridiano de Greenwich é o meridiano de referência. Os meridianos vão do Círculo Polar Ártico ao Antártico. (N.E.)

Essas equipes são compostas por mais de 5 mil trabalhadores, comandando 24 naves possantes, equipadas com motores de potência incomparável aos da Terra e que emitem forças muito similares aos raios gama que formam uma chuva ionizante, transformando completamente as formações emanadas da mente humana. Esses recursos intergalácticos, em alguns momentos da trajetória de limpeza, acionam a função de aspiradores, recolhendo e depois despejando uma parte desse material de natureza inferior no magnetismo do mar, nas zonas glaciais e em rios astrais.

O movimento das naves e sua ação sobre as densas nuvens tóxicas são ouvidos nas regiões inferiores, que temem e, às vezes, até se aterrorizam com sua capacidade de ação. Na hora em que a faxina é feita, as partes sombrias dos abismos recebem, igualmente, os benefícios da bondade e do amor que resultam dessa ação tecnológica. Alguns lugares chegam a interpretar esse contexto como sendo o próprio Deus que estaria, na concepção de tais comunidades, interferindo na psicosfera de seus ambientes para expulsá-los. Mudanças muito acentuadas, de cunho coletivo ou individual, acontecem em função da passagem dessas naves nos ambientes carregados de maldade e de dor.

Até 1980 essa medida sanitária coletiva era feita semanalmente. Com o agravamento da condição mental da Terra, atualmente ela é feita de três em três dias, podendo variar conforme as estatísticas apresentadas pela moderna tecnologia espiritual dos centros de comando dos arquitetos siderais.

É feito um mapa das condições fluídicas dos continentes visando o cuidado com a natureza astral. Esses mapas, muito parecidos com os do serviço de meteorologia humano, apontam as zonas de maior necessidade que, após a varredura geral das 24 equipes, ainda recebem atenção adicional de técnicos siderais, podendo o trabalho, nesses casos, alcançar as primeiras horas da madrugada.

Locais específicos em crises de guerras, épocas tumultuadas socialmente e ainda as energias intensas das grandes megalópoles são capazes de alterar energeticamente larga faixa planetária. Por essa razão merecem ações diárias e mais diretas. O Oriente Médio, em função dos sucessivos desastres sociais, atualmente tem sido uma região que exige muito nesse sentido.

Há uma estação meteorológica astral de monitoramento constante desse nível de produção tóxica com equipamentos capazes de mostrar os piores focos, fazer previsões e mapear necessidades. Essa estação permite também detectar ações trevosas manipulando energias com componentes bactericidas ou venenosos.

O que determina se um espírito vai ou não conseguir transpor esses cinturões miasmáticos e nocivos durante a liberdade do espírito pelo sono é a forma de como ele vive o seu dia. Entretanto, nos últimos trinta anos, o número daqueles que não conseguem romper essa barreira astral aumentou consideravelmente, trazendo prejuízos à sua saúde física e mental. Sob a perspectiva da justiça, o homem colhe o fruto de sua própria plantação. Por isso, a ação de amor do Cristo introduziu essas medidas de proteção em favor de dias melhores à coletividade terrena.

Toda reunião espiritual realizada entre 19 e 22 horas pode colaborar com esse trabalho abençoado e, quem participa dessa reunião e entra em sintonia com as equipes de Miguel Arcanjo e seus guardiões, aumenta suas chances de sair bem do corpo durante a noite. É recomendável que as atividades desenvolvidas nesse período se conectem com as equipes de limpeza dos engenheiros siderais e cooperem efetivamente com essa tarefa de saneamento da nossa casa planetária. Ainda que a limpeza geral, feita de três em três dias, não esteja sendo realizada na noite de suas atividades, em algum lugar, nesse horário, as equipes de Miguel Arcanjo estarão atuando.

A reencarnação é o ato sublime da evolução humana e a emancipação da alma é uma etapa essencial desse projeto, no qual a criatura relembra, a cada noite fora do corpo, sua condição de viajante eterno. É nesse um terço de tempo que o espírito resgata sua verdadeira condição de ser imaterial e imortal. Para nós, que trabalhamos pelo avanço do nosso planeta provacional e educativo, as noites de sono são consideradas como sagrados exercícios do ser no desenvolvimento de suas potências latentes. São nesses instantes de temporário desencarne, se assim podemos dizer, que a alma consegue vislumbrar seu glorioso futuro em direção à perfeição.

Respirar a sensação da imortalidade, enquanto o corpo dorme e a alma desperta, é prover o espírito de condições indispensáveis para continuar vivo e motivado a viver; é buscar a vitalidade para manutenção da atividade orgânica. Quando o corpo acorda a alma se submete às injunções da mente na matéria física.

Para a maioria dos reencarnados dormir é reviver seu dia, é continuar exercendo seus interesses, é agravar seus dramas ou encontrar suas soluções. Somente para quem tem aberto novas janelas na forma de viver suas experiências na matéria torna-se possível a percepção de novos horizontes nas noites de liberdade espiritual.

Os apontamentos da querida Ermance Dufaux são referências inspiradoras para organizar em nossa mente e coração as noções mais conscientes sobre a importância da libertação durante o repouso do corpo material.

O ingresso na etapa regenerativa da Terra inclui essa visão consciente sobre o valor de cada noite fora da matéria, para que essa viagem astral se reverta em planos de esperança e motivações no idealismo de progresso e amor das nações.

Maria Modesto Cravo

Belo Horizonte, novembro de 2015

1
ESQUECIMENTO DO PASSADO E MEMÓRIA EMOCIONAL

Em uma bela manhã de domingo no Hospital Esperança, o mesmo astro rei que iluminava a Terra lançava seus benefícios ao nosso ambiente astral. Dona Modesta aguardava a visita de doutor Inácio Ferreira e outras pessoas no bairro da periferia onde ela morava. Eles haviam marcado uma reunião para o diálogo e a oração em seu lar, para organizar algumas iniciativas de trabalho.

Quase vinte colaboradores se reuniram para a ocasião. Diversos médicos, enfermeiros e responsáveis por atividades junto ao hospital e em organizações vinculadas à proposta do bem e do amor foram convidados para o encontro. Um bolo delicioso, com chá e outros quitutes, seria servido ao final da reunião.

Após uma breve oração feita pela nossa querida dona Aparecida[1], iniciou-se a leitura de um trecho de O evangelho segundo o espiritismo, aberto ocasionalmente.

> "E não é somente após a morte que o Espírito recobra a lembrança do passado. Pode dizer-se que jamais a perde, pois que, como a experiência o demonstra, mesmo encarnado, adormecido o corpo, ocasião em que goza de certa liberdade, o Espírito tem consciência de seus atos anteriores; sabe por que sofre e que sofre com justiça. A lembrança unicamente se apaga no curso da vida exterior, da vida de relação. Mas, na falta de uma recordação exata, que lhe poderia ser penosa e prejudicá-lo nas suas relações sociais, forças novas haure

---

[1] Aparecida Conceição Ferreira (1915–2009), mais conhecida como vó Cida, do Lar da Caridade e fundadora do Hospital do Fogo Selvagem, antigo Hospital do Pênfigo, de Uberaba/MG.

ele nesses instantes de emancipação da alma, se os sabe aproveitar."[2]

Ela mesma, dona Aparecida, iniciou os comentários.

— É desse jeitinho mesmo que está escrito aqui. Além das revelações feitas a mim por Chico Xavier, quando iniciei os trabalhos no antigo Hospital do Pênfigo[3], eu tinha sempre uns relâmpagos em minha mente, lembranças rápidas que me traziam muita dor.

O que eu mais via em meus sonhos era o fogo. Essas visões chegaram a tal ponto que a palavra "fogo" passou a ter para mim um sentido diferente, algo inspirador. Minha atuação nos tempos da Inquisição foi completamente resgatada por meio dos serviços no bem, junto aos doentes do Pênfigo.

Dos portadores do Fogo Selvagem, eu fui a que mais se beneficiou com o movimento de auxílio aos que tinham essa doença. Alguém que é capaz de colocar a família em segundo plano para servir ao próximo só pode estar em uma dessas situações: ou é espírito de luz, ou é muito devedor. Meu caso era o segundo, o de muitas dívidas, embora seja uma palavra em desuso no vocabulário atual dos espíritas, para mim era o que me impulsionava a continuar.

Embora nem sempre me lembrasse com exatidão os sonhos tormentosos que tinha enquanto encarnada, acordava com profunda consciência de culpa a res-

---

[2] O evangelho segundo o espiritismo, capítulo 5, item 11.
[3] Pênfigo: doença autoimune rara, grave e não contagiosa, caracterizada pelo aparecimento de bolhas na pele que se rompem e produzem uma erosão dolorosa. No Brasil existe um subtipo de pênfigo denominado fogo selvagem.

peito dos abusos que cometi contra os hereges no tempo da infeliz Santa Inquisição.

Está muito bem colocado por Allan Kardec quando ele diz que não é só após a morte que recobramos a lembrança do nosso passado. Ela jamais se perde, pois mesmo encarnado, quando adormecido o espírito goza de certa liberdade e tem consciência de seus atos do passado, sabendo por que sofre e que esse sofrimento é justo.

O sono para mim era um inferno, por isso tinha até medo de dormir. Foi a partir do contato com Chico Xavier que as coisas mudaram. A minha presença nas atividades espíritas não só serviram de amparo aos meus doentes, mas igualmente às minhas obsessões.

Mesmo não apagando por completo a lembrança das vidas anteriores, somente depois de desencarnada é que tomei consciência dos serviços noturnos intensos que fazia junto a outros que sofriam de fogo selvagem fora da matéria. Seus perispíritos queimavam em brasa e, quando me reconheciam, queriam vingança. Sob o amparo de Eurípedes Barsanulfo e do próprio Chico, eu conseguia fazer algo para encaminhar as criaturas que prejudiquei à matéria e retirá-las dos locais infernais em que viviam.

Só muito recentemente fiquei sabendo que me tornei meio que uma madrinha de várias reencarnações desses espíritos, que hoje estão ainda jovens — e alguns até crianças.

O passado sempre nos acompanha e não temos como nos desconectar de sua atuação em nossa vida atual e nem no futuro.

Era isso que queria trazer para vocês. Acho que falei mais do que devia, dona Modesta.

— Ouvi-la é um bálsamo, querida Aparecida. Logo nos primeiros passos do Hospital do Pênfigo eu já me preparava para retornar ao plano espiritual e acompanhei a sua luta na condição de desencarnada.

— É, a senhora sabe mesmo o que é manter uma obra dessas, porque começou muito antes de mim. Foi muita luta mesmo, mas estou feliz. Pelo menos eu parei com a velha mania de colocar fogo em quem não pensa igual a mim — terminou Aparecida, em meio a risos.

Quebrando um pouco o ritmo e desejando motivar mais comentários, dona Modesta provocou o doutor Inácio que estava com as mãos cruzadas sobre a boca e o olhar voltado para o chão.

— Inácio, onde você está com esse rosto de perdido no tempo?

— Estou mesmo no tempo, Modesta. Perdido nem tanto!

— Em que está pensando?

— Na razão de Deus ter escolhido Uberaba, além de todo o Triângulo Mineiro, para colocar tanta gente como nós, comprometida com a Inquisição. Estivemos todos tão perto: Tadeu[4], vó Cida, Odilon Fernandes[5],

---

[4] José Tadeu Silva: homem simples de família humilde, nasceu em 1955, em Araxá, Minas Gerais. Aos sete anos, começou a aprender com sua mãe, a senhora Luiza, a praticar a caridade, visitando os doentes acamados nas periferias, banhando-os e fazendo curativos. Tadeu cresceu e começou a trabalhar para ajudar nas despesas de casa, mas mesmo assim continuou ajudando sua mãe nos trabalhos caritativos, pois já não sabia viver sem esse exercício.

[5] Odilon Fernandes (1907-1973): cirurgião-dentista, professor univer-

Langerton[6], Manoel Roberto[7], os padres e tantos outros que deixavam claros seus laços com esse tempo de desamor.

Enquanto vó Cida falava, minha mente voltou ao Sanatório Espírita de Uberaba, me lembrando de tantos pacientes tratados por nós, que traziam brasões e marcas dessa época e que eram percebidos pela sua vidência, Modesta.

— Sim, me lembro bem dessas almas tão sofridas.

E dona Aparecida interferiu.

— O senhor se esqueceu de citar alguém muito querido, doutor Inácio.

— São centenas e não teria como não esquecer, mas sei exatamente de quem está falando.

— Sabe mesmo?

— Sei... do Padre Sebastião Carmelita[8].

---

sitário, comerciante, espírita por religião e pesquisador por convicção. Aprofundou-se nas diversas áreas do conhecimento da mente humana, interessando-se pela Parapsicologia, Psicologia Experimental e Vida Extracorpórea.

[6] Langerton Neves da Cunha (1929-2003): suas primeiras manifestações mediúnicas ocorreram aos sete anos. Aos dezoito, era médium curador e, a partir de 1959, sob a orientação de Eurípedes Barsanulfo, tomou-se médium receitistafitoterapeuta.

[7] Manoel Roberto da Silva (1899-1965):nasceu em Uberaba. Começou sua vida como pedreiro, chegando a mestre-de-obras na construção do Sanatório Espírita de Uberaba.Após a sua inauguração, foi convidado a exercer as funções de enfermeiro-chefe.

[8] Sebastião Bernardes Carmelita (1917-1981): foi o padre dos velhos e dos doentes, o mais ecumênico dos sacerdotes, aquele que viveu para servir. Em reencarnação passada foi o Bispo Dom Antonio Palau y Tenens, que mandou queimar trezentos livros espíritas em uma praça pública de Barcelona no ano de 1861.

— Dele mesmo. Esse talvez possa até ser chamado de o último dos inquisidores, porque ainda em pleno século 19, como padre, mandou queimar as obras de Allan Kardec em praça pública, no conhecido episódio do Auto de fé de Barcelona.

— Você tem razão, vó Cida. São muitos os espíritos envolvidos com a Inquisição e reencanados na Região do Triângulo Mineiro. Seria impossível nomear todos.

O passado pode ser temporariamente abafado nas recordações durante a vida do espírito encarnado, no entanto, ninguém escapa de seus efeitos no campo íntimo, nas profundezas da alma.

Vó Cida se lembrou da culpa. Eu mesmo só vim a entender melhor a relação entre culpa e humor aqui no plano espiritual, após meu desencarne. Nunca repudiei a ninguém que me criticava pelo humor alterado com o qual sempre me manifestava. Eu vivia um dia de alegrias e três de broncas. O diagnóstico de bipolar ficaria muito bom para mim, embora somente desse lado da vida, com os tratamentos e maiores noções do que me acontecia, é que pude perceber que era tudo muito mais complexo. O trabalho aqui no Hospital Esperança continuou — e continua — sendo uma medicação inadiável.

A culpa, como é natural que aconteça, com o tempo vai se diluindo e dando lugar a novas experiências interiores motivadoras, mas não menos exigentes. No lugar da culpa, alguns sentimentos como vergonha, vulnerabilidade e baixa autoestima dilatam ainda mais a nossa sensibilidade, seja no plano físico ou no mundo espiritual. Para mim, foi aqui que comecei uma nova etapa na vida emocional.

Os mesmos traços de personalidade, porém, com novos conteúdos de emoção. Aquele Inácio que todos conheceram parece ir se diluindo com o tempo. Eu mesmo começo a ter saudade daquela criatura intragável. Meus gestos, minha sensibilidade e meu modo de pensar vão se alterando e, por vezes, tenho vontade de voltar a ser quem era.

— Creio em Deus pai, doutor Inácio! — falou dona Aparecida bem à vontade.

— A senhora não gostava, não é, vó Cida?

— Vamos ser francos. Quem adorava o senhor eram somente seus pacientes, suas crianças e a família de dona Modesta. Estou errada?

— Acho que foi muito caridosa, porque alguns desses só faziam de conta que eu era uma boa pessoa.

— Então, por que ter saudade do passado, doutor Inácio? Eu mesma estou espantada com seu temperamento e bondade de hoje. Nem imaginava que fosse possível melhorar tanto assim depois de desencarnado.

— Não estou tão melhor assim, vó Cida. Acho que estou é mais doente ainda. Quando digo isso é porque aquele Inácio de antes tinha mais ideal do que eu tenho hoje. A dor da culpa nos empurra, é uma força que nos faz andar sem parar. Queiramos ou não, ela é combustível para o ideal de progredir.

E o que hoje está tomando o lugar da culpa na minha intimidade, embora seja algo mais nobre, ainda é um sentimento com o qual não me acostumei muito. A culpa está sendo iluminada pelo amor. E, sinceramente, amar dá muito trabalho.

Existem pessoas que temem o conflito interior com seu lado diabólico e sombrio. Eu estou temendo esse meu lado luminoso que está brotando. Parece ironia, mas estou com medo de ser alguém melhor.

Acostumei-me tanto com meus diabos internos que está difícil despedir-me deles. Vejo-me entre o velho e o novo. O velho que não via motivos para se transformar e um novo que vem tomando o lugar sem pedir licença.

— Sem queixas, doutor Inácio — alertou dona Aparecida. — Isso é fruto do trabalho que, diga-se de passagem, está só começando por aqui. Reforma íntima tem tantas nuances e particularidades quantos são os seres humanos. Você ainda vai passar por muitas transformações.

— Estou pedindo arrego! Como dizem no plano físico: quero praia! Preciso de umas férias de mim mesmo. Antes, o trabalho fazia isso comigo. Ocupado, eu não olhava muito para o que acontecia dentro da minha alma. Agora, mesmo trabalhando tanto, parece que a conta do progresso chegou e tem data de vencimento muito próxima. Cada vez mais me encontro comigo mesmo. Nunca experimentei tanto desejo de pensar mais em mim e trabalhar menos.

Estou ficando de coração mole demais. E, para ser franco, a bondade me assusta. Não consigo ainda me encontrar com traços emocionais de elevação e empatia tão acentuados. Estou deixando de ser turrão, contundente e explosivo. Chego a ter medo do homem novo no qual estou me tornando, embora saiba que é assim que se avança. Pior, e o mais difícil, é saber que não tenho como deter esse avanço.

— Você tem sido uma benção na vida de muita gente do jeito que você é, Inácio — ponderou Modesta com muito carinho.

— Adoraria permanecer mais como um lança-chamas, Modesta, do que a ser chamado de candidato a bondoso.

— Você sabe que suas contribuições têm finalidades muito promissoras. Para algumas situações, um maçarico faz emendas necessárias onde dois pontos não se encaixam, todavia, o mundo clama por acolhimento, docilidade e estímulo — acrescentou Modesta.

— Aposentar o maçarico dói. Desapegar da pimenta na língua machuca. Tenho dito a Deus que não sei se quero ser alguém melhor.

— Todo crescimento é doído.

— Modesta, acho que estou é ficando velho aqui no além ou precisando voltar para a matéria física o mais rápido possível. Ando meio cansado de estar "morto". Acho que até do meu nome estou cansando.

— Logo agora que virou mentor! — provocou dona Aparecida.

— Mentor? Antes fosse. Virei foi santo. Se me tratassem como mentor ainda vá lá. Depois dos livros psicografados, agora sou santo Inácio Ferreira. Jamais imaginei isso. Aconteceu a contragosto. Na verdade estou é pagando língua. Critiquei tanto os mentores de alguns médiuns quando no corpo físico e agora sou chamado até para trabalho em encruzilhada — brincou doutor Inácio.

— Não, meu amigo, você não está ficando velho — retrucou Modesta. — Ao contrário, está remoçando na alma, tomando contato com aquilo que há de mais novo e belo dentro de você, tornando-se quem você realmente é, porque aquele Inácio do qual você tem saudades, nem de longe representa a sua grandeza. Ele é personalidade e não essência.

— Adoro essa personalidade e tenho de vê-la evaporar-se dentro de mim. Vou passar um ofício ao Criador me negando a mudar meu jeito de ser — disse, rindo.

Passei hoje pelas áreas esportivas do Hospital Esperança, parei em frente ao salão de dança, examinei as pessoas praticando novos gêneros e falei: meu Deus, acho que envelheci, mesmo como desencarnado! Fiz as contas e percebi que, só como Inácio Ferreira, já tenho 111 anos, se considerar desde meu último renascimento carnal em 1904 em Uberaba até hoje.

Sinceramente, observei de novo aquele pessoal dançando em um hospital repleto de dor e necessidades e conjecturei que aquela atividade tem um sentido educativo, do contrário, nosso benfeitor Eurípedes jamais permitiria que ela existisse aqui, então concluí que preciso mesmo reencarnar. Apagar concepções, esquecer minha veia filosófica e recomeçar em outro lugar e com pessoas que me ajudem a atualizar meus conceitos. Mesmo com a mente tão aberta, ainda me vejo muito limitado a respeito dos giros que a Terra realiza sem cessar.

Achei que minha abertura mental para os diferentes e suas diferenças seria algo inesgotável e infinito, mas começo a perceber que não me agrada mais ser tão crítico e objetivo. Estou com um sério problema para resolver: o que fazer de mim? Não me ajusto à pessoa na qual estou me tornando e me apego ao Inácio que está desaparecendo. Coisa de bipolar ou algo pior, eu acho...

Enquanto vó Cida lia o trecho de O evangelho segundo o espiritismo, fiquei pensando se a solução não seria essa: voltar com um cérebro limpo e fazer minha adaptação ao novo. Preciso fazer algo assim! Penso até em consultar nossos superiores sobre isso.

— Nossa primeira reencarnação no Brasil mexeu muito com nossa alma, Inácio — disse dona Modesta. — Embora o esquecimento do passado tenha tamponado parcialmente as personalidades europeias em nossas mentes, foi um conflito terrível sair do Château des Tulherias e do Louvre para o Sanatório Espírita de Uberaba; largar os passeios na Champs-Élysées para as ruas empoeiradas do interior das Minas Gerais. Foi um choque para nossas mentes, pois tivemos várias reencarnações na Europa. A mudança cultural e ambiental para Uberaba foi uma dolorosa cirurgia nos hábitos. Até certo ponto é muito natural que ainda sintamos esse choque transformador como desencarnados.

— Acho que estou precisando mais é de um eletrochoque nas ideias — brincou doutor Inácio.

Dona Modesta não deixou por menos e ponderou:

— Você sabe, Inácio, que o Brasil foi o berço preparado por Jesus para recomeçarmos. Os inquisidores precisavam ser afastados do astral do velho mundo. Fora do ambiente espiritual da Europa, as chances de amparo e melhoria aumentaram. Eu entendo e lamento por aqueles que não conseguiram sair dos solos sangrentos do Louvre ou das prisões infectas como as da Conciergerie.

Nós, mesmo ainda vivendo dramas internos, como você acaba de narrar, estamos a caminho de uma melhoria pela qual devemos nossa gratidão eterna ao Cristo. Você é testemunha disso. Mesmo passando tanto tempo longe do clima de Paris, hoje, quando lá retornamos, sofremos o peso do passado em forma de angústia e lembranças amargas.

— Com certeza, Modesta. Apesar de tudo o que passamos na última reencarnação, sinto-me, muitas vezes, como se ainda estivesse nos anos de 1500 a 1800. Não bastasse o Inácio novo que quer nascer, ainda me vejo na pele do velho almirante que colaborou com a fatídica Noite de São Bartolomeu, perdendo nela minha própria vida física. Depois dos Médici[9], ainda vivemos mais duas vidas na dinastia dos Bourbons. Se eu estiver de costas, muito concentrado, e alguém aqui me chamar pelos meus nomes do século 16 e 17, sou capaz de responder por automatismo e em perfeito francês.

Será que o regresso à matéria é mesmo a solução?

— Provavelmente, Inácio.

Atenta à conversa, dona Aparecida comentou:

— Depois de desencarnada, sonho periodicamente com os tribunais onde imperava a covardia, nos quais vi muita gente morrer de forma que deixaria os criminosos mais frios da atualidade com repulsa. Vejo-me ainda nos sonhos, comandando desatinos que nem vale a pena mencionar.

---

[9] Maria Modesta Cravo, no livro *Os dragões*, narra uma existência pretérita na qual foi Catarina de Médici (Editora Dufaux, 2010).

Esquecer o passado para nós, nas bênçãos do corpo físico, foi mesmo um presente que não temos como retribuir a Jesus.

Doutor Inácio, olhe para todos que renascemos tão perto, como o senhor disse, e pense que na região de Uberaba, no Triângulo Mineiro, renascemos em trabalho ativo, o que é infinitamente melhor do que purgar na dor e na expiação dolorosa de uma existência improdutiva. E mesmo assim, ainda estamos aqui tentando dar conta do que falta melhorar para termos paz na alma.

— Disse bem, vó Cida. Se eu pudesse — e se fosse tão simples — voltaria a ser Inácio Ferreira novamente, com vinte anos de idade. Era tudo o que queria agora.

— Você sabe que isso não vai acontecer. Sendo assim, para esquecer esse passado, onde você renasceria?

— Onde eu não sei, mas seria bem longe dos espíritas.

— E como seria?

— Talvez em um grupo bem intelectual ou como um cantor de samba — e riu.

E dona Aparecida, que gostava de brincar com doutor Inácio, disse:

— Longe de espíritas, doutor? Tem certeza?

— Você gosta mesmo de me cutucar com a vara curta, não é, vó Cida?

— Adoro o senhor, doutor. Só não entendi, porque longe dos espíritas.

— Para que eles tenham um pingo de sossego. Já peguei demais no pé dessa gente. Logo se cansariam mesmo de mim. A moda hoje no Brasil é ser cantor de samba. Pagodeiro.

— De onde o senhor tirou essa ideia, doutor?

— Com tanta coisa para fazer aqui, acredite, vó Cida, ainda arrumo tempo para ir a alguns shows no plano físico. Meu interesse foi tanto que descobri lugares aqui no mundo dos espíritos que tem um pagode do bom.

Imagine o que pensariam de mim os espíritas se soubessem dessas minhas novas pesquisas "científicas". Em primeiro lugar, muitos não acreditariam. E, segundo, outros não entenderiam que para almas como nós, ainda tão vinculados a compromissos terrenos, os gostos e interesses da sociedade terrena ainda nos atraem muito.

Sinceramente, vó Cida, essas descobertas "científicas" me deram novo ânimo. É como se alimentassem uma parte do meu ser que ainda quero continuar sendo. Foi assim que comecei a pensar que o regresso ao corpo seria uma solução para mim.

— Mas, se o senhor reencarnasse, mesmo que estivesse longe dos espíritas, seria espírita outra vez?

— Não estaria nos meus planos, se depender só de mim. Ser espírita e filósofo eu não estou querendo, não. Cientista, até pode ser, de preferência. E, se já tiver tecnologia para isso, não quero envelhecer.

— Seu projeto é muito ousado, doutor. Nem sei o que dizer — expressou dona Aparecida com tamanha simplicidade enquanto olhava para dona Modesta.

— Compreendo o Inácio, Aparecida. A rigor, para almas como nós, precisamos mais de Deus no coração do que de religião.

Para nós, reencarnar pela primeira vez no Brasil trouxe enorme abertura de conceitos. Entretanto, mesmo passados mais de cem anos do nosso último renascimento no corpo, ainda não nos sentimos brasileiros e nem totalmente espíritas, apesar da atuação que tivemos e de termos passado uma encarnação inteira estudando o Espiritismo.

As velhas personalidades influentes da França, que estão vivas em nosso inconsciente, ainda são muito mais dominantes. O esquecimento do passado é uma bênção enquanto se está no corpo. Depois da morte, para cada pessoa esse esquecimento é relativo.

Quando na vida física, perdemos a memória das lembranças, mas guardamos a memória emocional das experiências com exatidão. Se alguém quer saber quem foi em outra vida, faça um retrato emocional de si mesmo. De posse desse perfil, é só imaginar-se em um lugar correspondente a ele e com uma função adequada. A margem de erro quanto à realidade é mínima. Quanto mais bem definido esse perfil emocional, mais realismo se pode obter a respeito do que fizemos ou de quem fomos em outras vidas. A personalidade dona Modesta fica muitas vezes apagada diante da suprema influência da velha rainha dos Médici. É uma adaptação muito difícil para a alma.

— Deus me livre, dona Modesta! Do jeito que a senhora fala até parece que não adiantou de nada seu trabalho na última reencarnação! Fico pensando no meu caso. Será por isso que sonho tanto?

— Ah, adiantou sim, dona Aparecida, e muito. Todos avançaram bastante. Apenas não conseguimos, em apenas uma reencarnação, nos livrar de compromissos tão pesados como os que assumimos. Por isso digo sempre que o trabalho está apenas começando. No dizer de Eurípedes Barsanulfo, a redenção consciencial dos espíritos vinculados à Noite de São Bartolomeu, ainda vai gastar uns duzentos anos de trabalho ativo[10].

— Jesus Cristo! E eu que estou aqui como dona Aparecida desde 2009, um tempo menor que o de vocês, preciso então colocar minhas barbas de molho. Amando o trabalho que realizei, achei que teria sossego interior. Pelo menos isso!

— Estou pensando aqui, Modesta — falou doutor Inácio, procurando alimentar ainda mais o clima de descontração naquele encontro fraterno.

— O que você está pensando?

— Quem sabe fazemos um planejamento e "descemos" para nos casar.

— Você não me suportaria.

— E se eu fosse um pagodeiro?

— Pode ser que assim eu até me interessasse. Só teria um problema.

— Qual?

— Nós dois não íamos fazer mais nada de útil na vida a não ser dançar, cantar e ir a festas — nisso, todos caíram na risada.

---

[10] A história do doutor Inácio também está narrada com detalhes no livro *Os dragões*.

Você sabe como amo festas, roupas bonitas, pessoas interessantes e decoração. Meu lado rainha falaria mais alto. Aliás, gritaria com toda força e eu não ouviria mais nada a respeito das mais essenciais necessidades de um espírito em ascensão.

— Você tem razão. No entanto, começo a achar que para um espírito como eu, uma reencarnação desse jeito — ou parecida — viria bem a calhar, desde que fosse algo que contribuísse para o bem da humanidade. Divertir os outros como cantor seria um bem, mas de duas uma: ou eu seria muito rico ou morreria de fome, e nenhuma dessas situações me agradam.

Penso também em renascer como um biólogo e cuidar de um ecossistema, ser um vigia do mato. Poderia ser muito agradável à minha caminhada e útil ao planeta. Já andei sondando o assunto.

Quem sabe assim consiga expurgar ou exorcizar o resto da ancestral religiosidade complicada de meu ser. Ampliar minha cultura para algo que sempre chamou a atenção, que são as espécies vivas e, de sobra, colaborar com algum bem social que necessite de cuidados.

— Parecem-me muito sensatas as suas ideias. Uma reencarnação dessa serviria, inclusive, para permitir que esse novo Inácio se desenvolvesse sem as lembranças e o jugo do homem velho, do qual você já está se libertando. Falta superar o tempo de gestação do homem novo. A reencarnação é ótima para virar essa página da evolução.

— Duvido muito dessa sensatez, Modesta — contestou doutor Inácio. — Não acredito que consiga uma reencarnação nos moldes de meus projetos. Nada, porém, pode me impedir de sonhar e pensar no assunto.

— De minha parte, quero dizer com toda a sinceridade que não me sinto com vontade de reencarnar agora – disse vó Cida.

— Faz muito bem, vó Cida. Enquanto puder, segure-se por aqui. Quando começar a ficar gagá como eu, vai ver que isso não se trata só de vontade. Assim como temos um tempo no corpo físico, determinado pelas leis naturais da vida, temos também um tempo de estar desencarnados.

Nossos orientadores espirituais são muito sábios. Depois que perdemos o corpo e conseguimos algum trabalho para realizar por aqui, passamos a gostar tanto disso que não queremos mais sair. E é aí que vem a sabedoria deles. Começam a arrumar serviço pra gente no plano físico: em reuniões mediúnicas, nos socorros a pessoas encarnadas e também aos desencarnados que vivem mais perto do astral da Terra. É batata! Com pouco tempo começamos a sentir cheiros, sons e outras sensações dos sentidos físicos e, com o passar do tempo, começamos a querer experimentar tudo novamente.

Eu mesmo sempre digo que tem hora que não sei se estou desencarnado ou encarnado. Parte de toda essa minha doideira que acabei de expor a vocês tem íntima relação com isso. Na medida em que passamos mais tempo perto da matéria do que aqui no astral do Hospital Esperança, o magnetismo da Terra começa a nos chamar e atrair.

No contato com o mundo físico, recobramos nossa vontade de regressar ao corpo sem perceber. Lembro-me exatamente de como aconteceu comigo. As atividades dos livros psicografados aproximaram-me muito das necessidades dos encarnados. Certa vez fui socorrer a filha de uma pessoa muito querida. Sabem onde?

Alguém já ouviu falar do Piscinão de Ramos, no Rio de Janeiro? Pois foi lá. Em plena tarde de domingo, em um show de pagode lotado e com muito samba no pé.

O socorro foi prestado com sucesso e, após o atendimento, meu orientador — que é um homem sério e de hábitos rigorosos — me disse algo que não acreditei. Ao olharmos juntos para aquele multidão no Piscinão ele falou simplesmente: "Doutor Inácio, o senhor tem saudade daqui?" "Do Piscinão?", perguntei. "Não. Do povo. De gente." "Pensando bem, parece que tenho. Nunca pensei sobre o assunto." "Fique aqui mais algumas horas e faça uma reflexão. Eu o espero mais tarde para as nossas tarefas."

Ele retornou ao Hospital Esperança e, durante alguns minutos, fiquei tentando entender o que ele queria dizer com aquilo, mas não foi preciso muito tempo. Bastou olhar para o povo, seus hábitos, suas vestes, seu jeito carioca de ser, o mar logo adiante, os aviões modernos pousando no Galeão e, passados alguns instantes e por muito pouco, quase me assentei em uma mesa onde tocavam uma roda de samba, ficando por ali mesmo.

É muito fácil entender por que muitos desencarnados não se afastam do ambiente da Terra. Não é só dinheiro ou vícios que prendem os espíritos. Há um universo inimaginável de sensações que todos podem descobrir. Por essa razão, muitas pessoas, ao conhecerem lugares ou culturas diversas, se encantam com o novo, fazem descobertas preciosas e mudam seu modo de pensar a tal ponto que são capazes de fixar residência e mudar toda uma vida em função do campo emocional repentino e surpreendente que os impulsiona a uma nova forma de pensar e enxergar a vida.

— Doutor Inácio de Deus! Vendo o senhor contar desse jeito, deu até vontade de conhecer esse Piscinão — externou dona Aparecida com um suspiro na voz.

— É um lugar mágico. Um lugar que merece ser estudado pelos profissionais do comportamento humano.

— E o senhor já voltou lá, doutor?

— Sim, vó Cida. Não só no Piscinão de Ramos, mas em vários lugares onde tenha muita gente, diversidade, interesses modernos e em ambientes de muitas necessidades. Por orientação de meu orientador, passei a procurar esses locais para estudar meus próprios sentimentos.

— Pode me dar um exemplo? — perguntou dona Aparecida.

— Sim, vários. Fui à bolsa de valores, a um show de pagode, a enterros de famosos, a reuniões de grandes condomínios e a festas de evangélicos em estádios de futebol. Segui o Papa em dois países, já participei de três *réveillons*, passei um dia inteiro na aldeia mais pobre da África, quase me enfartei num fim de semana em um grande evento de dirigentes que coordenam o movimento espírita, visitei movimentos sociais e políticos e já fui a um Rock in Rio. Quer mais, vó Cida?

— Não, doutor. Pode parar por aí. É muito pra minha cachola que já ferve só de pensar nesses lugares.

Percebendo o entusiasmo do doutor Inácio e o fato de que os demais membros ali presentes se mantinham em silêncio, dona Modesta olhou para os visitantes, considerando como poderia convidá-los a participar.

— Já tem um tempo que Inácio vem fazendo tais incursões. Sinto que a qualquer hora, quando for procurá-lo, vão me dizer que ele reencarnou e não voltará por uns noventa anos — disse, em meio a risos.

Como eu disse há pouco, nosso trajeto espiritual torna claro tudo que vem acontecendo. Saímos do umbral para Paris. Depois de várias reencarnações viemos de Paris para Uberaba e, de lá, para o Hospital Esperança. E agora, desencarnados e com essa mobilidade que conquistamos, podemos estar em qualquer lugar do mundo, experimentando uma diversidade infinita. Essa adaptação não é algo tão instantâneo para o Espírito. Em tempo relativamente curto vivemos mudanças climáticas, culturais e mentais muito intensas.

O simples fato de sair de Uberaba depois de uma encarnação nos dedicando ao sanatório espírita e assumir um trabalho de vulto junto ao Hospital Esperança já é uma mudança muito impactante. Na matéria muitos podem pensar que tudo é trabalho, mas o trabalho é feito pelo trabalhador e ele é sentimento, sensibilidade e sensação. Experimentamos sustos, decepções, surpresas e até a dor para entender, aceitar e nos ajustarmos às realidades da vida espiritual.

Mesmo aquele que desencarna em paz com sua consciência tem muita adaptação a fazer na integração ao plano espiritual. Quanto mais o espírito ajusta seu pensamento durante a reencarnação para uma vida sem muito apego a crenças, bens materiais e formas de viver, mais aumentam as suas chances de relativizar esse choque de realidade. Não é assim, Inácio?

— É bem desse jeito, Modesta. Nos últimos tempos cheguei a passar quatro dias sem o refazimento do sono. O programa era: durante o dia, tarefas na Terra; à noite, reuniões mediúnicas; e, de madrugada, grupos socorristas.

Nessas tarefas diárias eu estava mais para reencarnado do que para desencanado. Imagine o que é psicografar com médiuns envolvidos com a comunidade espírita, socorrer obsidiados no corpo físico, participar de atividades de interesse cultural na área médica e espírita, visitar doentes, atender consultas de encarnados desdobrados pelo sono em pleno dia, entre tantas outras atividades. Isso é vida de gente que "morreu"? Só me falta um corpo físico.

Certa vez, atuando durante algumas horas em um posto de socorro bem próximo ao astral da Terra, ao final da tarefa notei que estava com dor nos joelhos e me lembrei de como sentia isso quando tinha meu corpo físico. Falei comigo mesmo: "Meu Deus! Acho que não morri foi nada. Estou começando a duvidar se vivo no mundo dos espíritos".

Muitos imaginam que os desencarnados estão em ambientes distantes do planeta, quando, em verdade, nossos interesses, vínculos e necessidades estão todos na Terra. Sem corpo físico, mas quase reencarnados.

Quando vejo um relógio de última geração no braço de alguém no mundo físico, fico hipnotizado. Embora tenhamos tudo o que eles têm — e até com melhor e mais avançada tecnologia —, é muito diferente ver um encarnado com um relógio desses.

E mais uma vez, em sua simplicidade ímpar, se expressou dona Aparecida:

— Doutor, o senhor sabe como anda minha cabeça. Explica esse negócio do relógio. Que diferença isso faz para o senhor? Está apegado a relógios, doutor?

— É diferente, vó Cida, porque entramos na energia de atração dos bens terrenos. A mente de quem usa aquele objeto no seu braço dá vida àquele objeto. Ele passa a ter magnetismo animal, é como se o relógio passasse a ter "alma", como se o dono do relógio estivesse nele e o objeto passa a ser parte dele. Há uma troca. Aquele objeto fica magnetizado, e esse magnetismo chama, atrai, puxa e encanta.

Isso ficou muito claro para mim ao ler em *O livro dos espíritos*, pergunta 712: "Com que fim pôs Deus atrativos no gozo dos bens materiais? Para instigar o homem ao cumprimento da sua missão e para experimentá-lo por meio da tentação".

— E o senhor tem tanta vontade assim de reencarnar para ter um relógio desse, doutor? — interviu mais uma vez dona Aparecida, com total naturalidade.

— Não se trata do relógio. É o corpo, a forma física e suas sensações. Tudo isso me remete à minha juventude, me faz lembrar o quanto amava meu corpo franzino e da época em que me formei em medicina. O que sentia no meu corpo naquela época é reavivado por um encantamento emocional como esse, provocado pelo relógio.

Não é só o relógio, mas outras coisas do mundo moderno que me remetem a esse tempo: chapéus, sapatos incomparáveis, ternos de seda e gravatas coloridas, a beleza dos jovens e o sexo com amor, tudo isso me tem chamado para a matéria. Além, é claro, de...

— De gatos? — dona Aparecida nem deixou ele completar.

— Sim. O gatil não poderia faltar, não é mesmo? O que seria de mim sem os gatos?

A energia do prazer exala de tais bens passageiros. Hoje olho de uma forma diferente para tudo isso e compreendo melhor a importância desses bens para a escala de evolução de cada pessoa. A pretexto de desapego e evolução espiritual, tem quem não queira mais nenhum laço com objetos, bens e valores materiais. Terão de aplicar discernimento, a seu tempo, para a aquisição da consciência a respeito da importância de se preservar das carências extremas e dos excessos.

Mais uma vez recorro ao conteúdo ímpar de *O livro dos espíritos*, na pergunta 712a:

> "Qual o objetivo dessa tentação? Desenvolver-lhe a razão, que deve preservá-lo dos excessos. Se o homem só fosse instigado a usar dos bens

terrenos pela utilidade que têm, sua indiferença houvera talvez comprometido a harmonia do Universo. Deus imprimiu a esse uso o atrativo do prazer, porque assim é o homem impelido ao cumprimento dos desígnios providenciais. Mas, além disso, dando àquele uso esse atrativo, quis Deus também experimentar o homem por meio da tentação, que o arrasta para o abuso, de que deve a razão defendê-lo".

— Voltando ao nosso tema — enfatizou dona Modesta —, em condições como essa em que se encontra a mente de Inácio, o esquecimento do passado adquirido com um corpo físico novo torna-se algo saudável e promissor. O esquecimento do passado não diz respeito somente a acontecimentos graves ou ruins, ou, ainda, às chamadas más recordações, e sim a tudo aquilo que precisamos resolver.

Essa saudade da juventude, destacada por ele, traz lembranças vivas e com importante influência sobre a sua vida mental atual, e olha que a juventude dele aconteceu entre 1920 e 1930, ou seja, há oitenta e cinco anos.

Para algumas pessoas é exatamente esse tipo de vivência que determina o nosso momento da volta à matéria e, embora Inácio não tenha comentado ainda, além dessa atração para as questões da vida material, ele tem resgatado memórias emocionais que doem aqui também, como desencarnado. São lembranças vinculadas ao tempo da Idade Média.

— Que medo, dona Modesta!

— Medo de que, dona Aparecida?

— De começar a acontecer essas coisas comigo também. Faz pouco mais de seis anos que voltei para cá e, por enquanto, estou achando aqui bem melhor. Remocei e me sinto tão bem que nem me lembro de quando me senti assim pela última vez.

— Isso é muito individual, querida irmã. Eu voltei já faz 51 anos e ainda me sinto muito bem por aqui. Inácio regressou em 1989, portanto são passados 27 anos terrenos e já está assim "atormentadinho" com a reencarnação.

— Que alívio, dona Modesta!

A conversa estava leve e descontraída. Os demais companheiros ali presentes mantinham-se atentos e prazerosos em ouvir essa farta aula de vida, realizada naturalmente entre dona Modesta, doutor Inácio e dona Aparecida, em torno do tema esquecimento do passado. Até que a própria anfitriã considerou:

— A prosa sobre esquecimento do passado está boa. Entretanto, temos outro assunto de urgência a tratar. Vamos focar em nossos objetivos, senão ficaremos na boa conversa durante toda a manhã.

2
SOCORROS NOTURNOS NO ASTRAL DE SÃO PAULO

Após aqueles minutos preciosos de descontração, enquanto alguns ainda tomavam o saboroso chá, dona Modesta imprimiu outra direção à conversa.

— Vamos ao assunto que nos trouxe a esse encontro. Nosso benfeitor Eurípedes Barsanulfo delegou-nos uma nova proposta de trabalho e cada um de vocês foi convidado por ser um trabalhador ativo e com amplas possibilidades de nos auxiliar na execução dessa nova tarefa.

O doutor Fernando vai nos explicar os detalhes, pois ele é o responsável pelos serviços de urgência no portal de entrada do Hospital Esperança. Doutor Fernando, a palavra é sua.

— Obrigado, dona Modesta. Percebe-se claramente que o assunto, aleatoriamente inspirado em O evangelho segundo o espiritismo, não foi sem razão. O esquecimento do passado pode ser denominado como a terapia do perdão de Deus para com quem recomeça no corpo físico.

A dinâmica para os que saem daqui para o mundo físico é de esquecimento abrangente e quase total. Entretanto, o caminho para as esferas espirituais, durante a noite, para quem está no corpo, é de continuidade das lembranças recentes e, em muitos casos, uma retomada de velhas recordações que estão sendo despertadas em função da conduta na atual reencarnação.

A proposta do nosso diretor Eurípedes é um pedido para que levemos ao plano físico uma campanha por noites mais bem aproveitadas durante a emancipação. Multidões de espíritos estão saindo do corpo durante a noite em movimentação mental improdutiva e reapossando-se de memórias tóxicas e perturbadoras.

Nessa proposta de trabalho faremos palestras, cursos e tratamentos específicos sobre o assunto com aqueles que oferecem condições para isso em estado de expansão da alma pelo sono. Nosso encontro visa também pedir a cooperação de vocês na elaboração de um programa de temas, que será levado à humanidade por meio da psicografia de livros e mensagens de alerta a respeito da importância dos cuidados com as noites de sono.

— Doutor Fernando, fale como tem sido sua experiência nos serviços de urgência aqui no Hospital Esperança, por favor — solicitou dona Modesta.

— São noites de muito trabalho, meus amigos.

A maioria dos homens ignora esse acontecimento que rege a interação entre a matéria e o espírito. Quando os encarnados preparam-se para o sono, o mundo espiritual prepara-se para seu maior pico de vigília em um período de 24 horas. A maior e mais decisiva ação da espiritualidade ocorre nas chamadas horas áureas, das 23 horas às 5 da manhã.

Para que tenhamos uma noção de abrangência, pensemos em uma população de um país como o Brasil com pouco mais de 200 milhões de habitantes. Sem contar os doentes hospitalizados que mal dormem, aqueles que exercem suas profissões à noite, as pessoas com insônia e outros casos que impedem a independência espontânea do espírito. Mais de 93% da população, em média, estará fora do corpo durante o período das horas áureas, ou seja, são mais de 180 milhões de pessoas fora do corpo em um curto espaço de tempo. É como se durante seis horas do dia esse contingente de pessoas desencarnassem. Isso altera completamente a rotina do mundo espiritual.

E isso considerando apenas o Brasil, porém, esse alcance é ainda maior, pois esse fenômeno atinge todos os países com o mesmo fuso horário, ou com pequena diferença de horas. Esse mapa social do astral reflete, de alguma forma, o que sucederá quando essas pessoas desencarnarem — cada uma no seu tempo. Umas ficarão dentro de casa vinculados à família e outras irão atrás de seus interesses pessoais, estudar ou trabalhar, tudo em conformidade com suas aspirações diárias.

Aqui no Hospital Esperança aconteceu um fato envolvendo as obras psicografadas que descrevem com mais detalhes a estrutura da casa e seu funcionamento[1]. Depois das informações levadas à Terra, ocorreu algo similar ao que se sucedeu com a repercussão do livro *Nosso lar*, de André Luiz, que se tornou, na imaginação de muitos espíritas, o lugar ideal para onde ir após a morte. Foi tamanha a demanda de espíritas querendo saber onde é o Hospital Esperança, conhecer suas atividades, colaborar com tarefas e também satisfazer a curiosidade vã de alguns, que tivemos de criar uma agenda e um setor para cuidar disso.

Muitos, ao terem permissão para conhecer o hospital, não queriam voltar. Tiveram lembranças e passaram

---

[1] Os dois livros que mais descreveram o Hospital Esperança são *Tormentos da obsessão*, de Manoel Philomeno de Miranda (Editora Leal - 2001), pelo médium Divaldo Pereira Franco, e *Lírios de esperança*, de Ermance Dufaux, pelo médium Wanderley Oliveira (Editora Dufaux - 2012). (N.E.)

a acreditar que saíram daqui para reencarnar. Ficaram literalmente encantados com tudo o que viram. Para alguns a nossa casa de trabalho passou a ser o novo "Nosso Lar". Apesar dos inconvenientes iniciais, tudo resultou em benefícios, pois, depois de devidamente organizada, essa busca desenfreada proporcionou centenas de novos colaboradores para diversos serviços. Está aqui o doutor Inácio que pode, pela experiência dele, confirmar o que aconteceu, não é doutor?

— Não só queriam conhecer o hospital como também fazer consulta comigo e com a Modesta. Foi um Deus nos acuda. Estão até querendo acender vela para mim – completou, em meio a risos.

— É verdade, doutor Inácio. Eu mesmo tive que contornar muitas situações indesejáveis a esse respeito com nossos irmãos espíritas. Muitos se diziam seus amigos de outros tempos e queriam de todo jeito lhe fazer uma visita. Quando eu dizia que durante a madrugada o senhor estava quase sempre em tarefa no astral mais próximo ao mundo físico, eles queriam, de toda forma, ir até lá. O senhor é muito amado.

— E falta pouco para eu ser idolatrado. Era só o que me faltava!

— Deixe as pessoas com a idolatria, doutor. Enquanto isso, o trabalho ganha em benefícios. Veneração também faz parte da caminhada e quem é cultuado tem muito o que aprender sobre como lidar com esse lado sombrio de quem ainda precisa se ancorar em alguém para se sentir melhor.

— Haja paciência, doutor! Haja! — replicou doutor Inácio.

— Hoje o respeito a essas regras trouxe novos impactos. Parte dessa adoração e idealização de um novo céu foram atenuadas aqui nas dependências do hospital.

Os médiuns encarnados que psicografaram livros ou mensagens informativas sobre o Hospital Esperança passaram a ser alvo de muitas indagações a respeito dos trabalhos. O interesse foi muito amplo e aumenta a cada dia. Queremos levar nossas orientações ao plano físico para que compreendam melhor as interações entre espírito e matéria durante o sono.

Medidas protetoras foram tomadas visando acolher com bondade essa busca e hoje já temos um melhor conjunto de ações no que diz respeito a esse assunto. Mesmo assim, será necessário oferecer mais esclarecimento para que as noções de ordem e disciplina sejam incorporadas pelos nossos irmãos encarnados para que se conscientizem de que nossos desafios por aqui, no que tange ao serviço, são tão amplos como no mundo físico.

A agenda do doutor Inácio, por exemplo, hoje comporta um atendimento específico para pessoas encarnadas que se deslocam para o hospital durante a noite. Entretanto, foi necessária a elaboração de alguns critérios. O primeiro foi reduzir o tempo da consulta para dez minutos; caso contrário, ele ficaria uma noite inteira por conta de uma só pessoa. O segundo é que, para adquirir o direito a uma consulta, é necessário um número de setenta horas de serviços prestados ao hospital. O resultado disso é que são feitas aproximadamente dez consultas semanais, com objetivos muito educativos e promissores. Alguns critérios também foram criados para os serviços de doação de ectoplasma, cooperação nas atividades de limpeza, orientações pessoais e outras iniciativas.

Dona Modesta e nossa amiga Ermance Dufaux estão orientando o médium para que o livro possa ser enviado aos irmãos encarnados. Enquanto isso, eu terei a função de organizar notas e temas que possam ser essenciais no melhor entendimento sobre a importância dos serviços noturnos fora da matéria, e sobre como melhor aproveitá-los. Esqueci-me de algo, dona Modesta?

— É importante mencionar que temos aqui a querida irmã Ana Paula, que poderá nos ajudar muito com sua experiência no Lar de Santa Tereza de Jesus, um pronto-socorro para encarnados emancipados pelo sono físico, no astral do Bairro Itaquera, na capital paulista. É uma organização muito similar a uma casa de passagem. O Lar tem uma ligação muito estreita e fraterna com as atividades do Hospital Esperança — disse dona Modesta, fazendo um gesto de convite para que ela se manifestasse.

— Meus queridos irmãos, eu sou muito grata por poder colaborar com essa tarefa e com o desenvolvimento dos projetos — saudou amorosamente Ana Paula. — Nossa casa humilde e santa é um oásis de muito amor e trabalho em uma capital com tantos desafios como é a cidade de São Paulo. Santa Tereza de Ávila[2], nossa

---

[2] Teresa Sánchez de Cepeda y Ahumada, conhecida como Santa Teresa de Jesus (1515 — 1582), foi uma freira carmelita, mística e santa católica do século XVI, importante por suas obras sobre a vida contemplativa por meio da oração mental e por sua atuação durante a Contra Reforma. Foi também uma das reformadoras da Ordem Carmelita e é considerada cofundadora da Ordem dos Carmelitas Descalços, juntamente com São João da Cruz.

mestra e inspiradora, tem coberto de luz as nossas iniciativas.

O senhor Barsanulfo tem muita razão em querer oferecer mais preparo e esclarecimento sobre como multiplicar as bênçãos nas noites de sono físico. Para aqueles que já foram esclarecidos sobre isso, saber que o espírito se emancipa durante o sono não tem sido suficiente para se ter a noção da influência, da importância e da oportunidade que isso significa.

Mesmo sendo uma casa católica, o Lar de Santa Tereza de Jesus recebe pessoas de todas as nacionalidades e crenças. Fora do corpo isso não tem importância nenhuma. A cidade de São Paulo tem, hoje, aproximadamente doze milhões de habitantes, sem contar com a população que integra sua região metropolitana[3]. Considerando a conta feita pelo estimado doutor Fernando, mais de onze milhões de almas saem do corpo durante as horas áureas.

A nossa humilde obra não tem capacidade para atender mais de 7 mil pessoas por noite. Temos pouco mais de duzentos servidores em atividade entre padres, magnetizadores, colaboradores e orientadores, ficando, portanto, uma margem de trinta ou mais atendidos para cada um. A casa está sempre lotada. Pelas limitações do serviço, com o tempo fomos priorizando os casos e realizando auxílio prioritário às urgências e casos mais graves.

Nosso foco de atendimento se volta para pessoas que estão tramando o suicídio; jovens prestes a se atolar nos

---

[3] São Paulo é a sétima cidade mais populosa do planeta e sua região metropolitana, com cerca de vinte milhões de habitantes, é a oitava maior aglomeração urbana do mundo.

caminhos dos vícios; maridos e esposas na eminência de colocar em risco a bênção do lar; personalidades frágeis prestes a se corromper na sociedade com o encanto do ganho financeiro; depressivos em crises agudas; obsidiados e seus respectivos obsessores em episódios de grave litígio; esquizofrênicos atormentados por ideias criminosas; pessoas que estão a ponto de desistir de tudo; doentes terminais; pessoas envolvidas em decisões muito perigosas; motoristas que bebem antes de dirigir; assaltantes e ladrões compulsivos e vários outros quadros de dor repentina e inesperada nos dramas da vida.

O índice de resultados satisfatórios, de um modo geral, é muito alto e saudável. Mudanças imediatas ou a atenuação dos problemas podem ser verificadas na conduta daqueles que são beneficiados fora do corpo.

Graças às equipes do Hospital Esperança, iniciamos esse pronto-socorro da alma nos idos de 1972. Começamos como uma casa de oração para quem saía do corpo e hoje chegamos nesse nível de amparo. O tesouro do conhecimento que aprendemos aqui, com dona Modesta e o senhor Barsanulfo, foi e continua sendo nossa base e sustentação maior.

— Os trabalhos do Lar de Tereza, minha querida irmã Ana Paula, são sempre mencionados pelas expressões de amor e bondade com as quais vocês se doam na iniciativa. Nosso diretor tem especial apreço pelo trabalho de vocês e nos recomendou convidá-la para mais essa atividade.

— Não faltam experiências para contar, dona Modesta. Estaremos à disposição. Sei que existem organizações no astral de São Paulo com porte muito maior, mas nos sentimos honrados e felizes em cooperar nesse projeto do senhor Barsanulfo e de Jesus Cristo com nossa experiência despretensiosa — pontuou humildemente irmã Ana Paula.

— Pelo que estamos cientes, amanhã mesmo o doutor Fernando fará uma palestra no Lar, não é mesmo, irmã?

— Sim, ele vai falar para encarnados que estão começando momentos novos na vida. São os que venceram instantes difíceis em suas lutas de cada dia e se encontram mais aptos a novos esclarecimentos. A maioria deles não guarda a noção clara sobre como foram beneficiados pela emancipação do espírito em suas noites de muita tormenta e dor. Palestras desse tipo são oferecidas como um encerramento dos atendimentos, nos quais são também entregues a essas almas o convite para colaborarem com as nossas ações no bem. Essa providência se transforma num cuidado de manutenção para os seus novos e mais promissores momentos na rotina da reencarnação.

— Irmã Ana Paula, a senhora já me conhece e não vai se incomodar que eu fale algo, não é mesmo? — perguntou doutor Inácio, que já possuía uma amizade estreita com a irmã.

— O senhor? Até imagino o que vai dizer — falou, com intimidade e carinho maternal, ao médico uberabense.

— A senhora sabe da minha birra com padres e freiras, com todo o respeito à senhora.

— Sei sim, doutor. Entendo suas dificuldades e não o censuro.

— Ouvir a senhora falar em reencarnação é algo que mexe comigo.

— Compreendo, doutor.

— Católica e reencarnacionista! Muito interessante essa combinação. Não acha, vó Cida?

— Acho uma maravilha presenciar isso, pois me faz lembrar o padre Sebastião, que lia periódicos espíritas e adorava o Chico Xavier. O amor de irmã Ana Paula está acima da religião.

Aliás, sobre esse assunto, temos aqui conosco o respeitado professor Cícero[4], que está mudo na conversa, mas vou pedir para ele falar o que me contou recentemente sobre religião e amor. Pode fazer isso por nós, professor?

— Claro, dona Aparecida! Estava mesmo pensando nisso e quero contar um caso que não foge à nossa proposta desse encontro, com sua permissão, dona Modesta — se expressou gentilmente o professor Cícero.

— Professor, a palavra é sua.

— Houve um episódio envolvendo Antusa Ferreira[5] e eu — falou o professor Cícero, lançando um olhar para a médium assentada ao seu lado —, que deixa claro um item prioritário nos temas que o doutor

---

[4] Cícero dos Santos da Silva Pereira(1881 – 1948), nascido em São José do Gorotuba, distrito de Grão Mogol, Minas Gerais. Tornou-se presidente da União Espírita Mineira no ano de 1937. Desencarnou em 4 de novembro, em Belo Horizonte. Em uma encarnação mais distante foi o espanhol Francisco Jiménez de Cisneros (1436-1517), mais conhecido como Cardeal Cisneros.

[5] Antusa Ferreira Martins, (1902-1994), nascida em Uberaba, foi discípula de Eurípedes Barsanulfo, por quem foi curada de meningite na adolescência e que, embora as sequelas tenham lhe deixado surda e muda, se transformou numa das mais excelentes médiuns de cura do Triângulo Mineiro.

Fernando costuma apresentar: conhecimento espírita não é sinônimo de elevação espiritual.

Estávamos nos portais de entrada do Hospital e já passava das duas horas da madrugada. Chegou um conhecido dirigente espírita do Triângulo Mineiro que a conheceu durante a vida no corpo físico e não media as palavras para debochar das faculdades da médium. Ao ver Antusa, dirigiu a palavra a mim, mas sem tirar o olhar dela, nesses termos:

"O senhor é quem dirige a entrada no Hospital Esperança?"

"Não, meu irmão. Sou um servidor. Em que posso lhe ajudar?"

"Vim falar com Eurípedes Barsanulfo."

"O senhor Eurípedes não está aqui nesse momento", se antecipou Antusa na resposta, causando enorme surpresa naquele senhor.

"O quê? Você está falando? Não era muda no plano físico?"

"Desencarnei e destravei a língua, meu irmão."

"Não acredito nisso! Destravou a língua? Ah, não acredito de jeito nenhum! Uma médium farsante como você não poderia estar aqui na casa de Eurípedes, de jeito algum. Ainda mais falando! Seu lugar é no umbral ou algo assim. Você não pode ser a médium de Uberaba. Certamente é o obsessor que dirigia a mediunidade dela, não é? Era você o autor das farsas, certo?"

"Olha, o senhor sempre me perseguiu enquanto eu estava no mundo físico. Mas, aqui, fique ciente de que terminou sua tarefa de perseguidor. Por caridade, não me perturbe e diga o que quer", falou Antusa com firmeza.

"Era por isso que você não tinha voz, pois é um espírito arrogante desse jeito. Quem é você para falar assim comigo? E além do mais..."

"Amigo, por gentileza, apenas nos diga o que quer aqui", interferi, sem deixar que ele terminasse suas ofensas. "Não se altere, por caridade."

"Já disse, quero falar com Eurípedes."

"Ele realmente não está aqui."

"E como faço para falar com ele?"

"O que posso lhe dizer é que, até para nós, que aqui trabalhamos, falar com o benfeitor é algo muito raro", esclareci.

"Inacreditável! Quem são vocês para determinarem se eu posso ou não falar com ele?"

"Eu não disse isso. Só expliquei que é muito raro."

"Pois vocês, por acaso, sabem quem sou?"

"Sabemos, sim. É um conhecido dirigente de um Conselho Regional Espírita do Triângulo Mineiro."

"Pois então! E acha que Eurípedes não me receberia?"

"Não podemos responder por ele, meu irmão."

"Se não podem responder, por que estão respondendo? Quero acesso a ele agora."

"Não podemos ajudá-lo nesse sentido, se é isso o que espera."

"Eu já sei o que está acontecendo aqui. Vocês são uns farsantes, não é isso? São obsessores travestidos para nos enganar. Uma dupla de invasores do serviço do bem. Vocês são mentirosos, e não adianta tentar me enganar, eu vou entrar de qualquer jeito."

O nosso irmão empurrou Antusa e teve de ser contido com muita energia por soldados da defesa e, a seu contragosto, destacamos dois ajudantes para reintegrá-lo ao seu corpo físico. Esse tipo de ocorrência durante o desdobramento pelo sono consome ainda mais os trabalhadores, que já estão muito sobrecarregados.

Ele é um espírita convicto, grande amigo de Chico Xavier e com muita bagagem nas atividades de unificação no movimento espírita. Entretanto, quem o conhece intimamente sabe de sua grande luta contra o vício do alcoolismo. Exalava um hálito terrível enquanto agredia Antusa verbalmente. Essa é uma das lutas ferrenhas de nosso amigo. Líder influente, mas muito repreendido por quem lhe conhecia a conduta, que era quase completamente abafada nos ambientes espíritas.

Ele vem sendo socorrido noite após noite aqui em nossas atividades, mas quando bebe chega por aqui repetindo o de sempre: quer se encontrar com Eurípedes. Agride quem encontra pela frente e somos obrigados a voltar com ele para o corpo físico como única medida possível de pacificação.

Corações amorosos vinculados a ele o trazem para cá, porque se for deixado à mercê dos acontecimentos no astral mais próximo de onde reside, será puxado para regiões de baixa moral no plano espiritual inferior. Ele recebeu autorização para perambular por aqui sempre que necessário e sempre é visto nos portais de entrada do hospital. Melhor aqui, criando caso, do que em outros locais. Não temos muito o que fazer nas noites em que chega alcoolizado. Algumas vezes nem se afasta do corpo físico por conta do teor tóxico da bebida. Em outras noites, nas quais se encontra sóbrio, ele tem autorização para entrar nas enfermarias e receber soro depurador, que limpa parcialmente seu perispírito das densas energias acumuladas em função dos abusos físicos. Ainda assim, dá muito trabalho aos enfermeiros cobrando a presença de Eurípedes o tempo todo.

É uma pessoa muito crítica e um severo recriminador de médiuns que, na sua concepção, são farsantes em sua maioria. Médium para ele é só Chico Xavier e mais ninguém. Faz de conta que acredita na mediunidade dos outros servidores, embora nutra uma descrença perturbadora que não consegue esconder totalmente. Como dirigente de atividades mediúnicas criou conflitos lamentáveis com uma agressiva censura aos trabalhadores que não suportavam seu temperamento e largavam as tarefas. O senhor, doutor Inácio, que o conheceu intimamente, sabe bem como ele se comporta.

Nossa tarefa será sempre acolhê-lo e amá-lo incondicionalmente, independente das lutas individuais. Entretanto, diante das ilusões que lhe sobrecarregam a mente com a ideia de privilégios, é nosso dever intervir de forma determinante.

É, mais uma vez, a religião afastada do amor. A informação e o conhecimento espírita dissociados de um processo de interiorização emocional tem produzido um quadro já bastante conhecido de todos nós ao longo dos séculos da história humana.

O orgulho dos cargos, a ilusão da supremacia da verdade e a nociva percepção do Espiritismo como credencial de superioridade estão dominando muitos dos nossos companheiros que são bons servidores e dedicados trabalhadores, mas ficam perturbados pelo sentimento de orgulho.

Era isso que a senhora queria que fosse relembrado, dona Aparecida?

— Sim, isso mesmo professor. Eu também fui contemporânea desse dirigente e temos feito todo o possível para socorrê-lo.

Após o fim da narrativa, dona Modesta, diante dos oportunos comentários, retomou o assunto:

— Irmã Ana Paula, quer complementar algo?

— No Lar de Tereza, o serviço noturno que mais se destaca são as limpezas de matéria mental.

São banhos de asseio energético e esterilizante. Tarefa singela que pode ser feita até sem consciência lúcida do encarnado emancipado do corpo físico. Muitos chegam sonolentos, outros chegam dormindo mesmo em seu corpo perispiritual, levados por seus amigos espirituais, e são cuidados com cautela e uso de leves sedativos injetáveis, quando necessário, para que não despertem.

Temos, a cada noite, entre 4 e 6 mil banhos dessa ordem entre os atendidos, muito similares à tarefa do passe e com menor duração, na maioria dos casos.

É a tarefa mais rápida e que exige menos dos servidores que são exímios passistas, magnetizadores e manipuladores de energia. Algumas vezes, conforme as necessidades, usam pomadas para complementar o tratamento. Um servidor sozinho pode conseguir dar mais de quarenta banhos em uma noite de atividades intensas, sem exaustão e sem perda de foco no trabalho. Por essa razão, uma área isolada com mais de oitenta por cento da nossa organização está destinada para esses casos que não tumultuam o ambiente. Por sua vez, nas enfermarias abertas ao público, temos uma demanda muito versátil e, algumas vezes, inesperada e difícil.

A senhora acredita que prestar informações sobre esse singelo apoio pode ser útil, dona Modesta?

— Claro que sim, irmã. Esses serviços de asseio predominam nas estatísticas dos serviços noturnos de todas as organizações socorristas que amparam os encarnados nas noites de emancipação do espírito pelo sono, inclusive aqui no Hospital Esperança. O doutor Fernando pode nos oferecer informações mais claras sobre o assunto.

— É a mais pura verdade, dona Modesta e irmã Ana Paula — retomou a palavra o doutor Fernando.

Um percentual muito grande de encarnados emancipados não nos permite mais do que esse atendimento breve. No entanto, apesar da singeleza da tarefa, os resultados são promissores. A matéria mental que se acumula no perispírito atinge igualmente a aura e o corpo físico, causando as mais diversas complicações e podem ser a matriz de graves doenças ou de severas perturbações emocionais e mentais.

O contingente de encarnados que desarmonizam sua mente com os pavores do medo, com as angústias da culpa e com as feridas da mágoa é algo ostensivamente predominante nos serviços de limpeza e apoio durante a liberdade espiritual. Sem dúvida nenhuma, essa prestação de serviço espiritual ocupa o destaque de um serviço de maior impacto social. Todas as noites, milhões de pessoas, nas mais diversas organizações de amparo no plano espiritual, passam por essa limpeza libertadora e mantenedora da saúde.

Esse dirigente citado pelo professor Cícero é um exemplo também de situações ocasionais que muito exigem de nós. Algumas noites, na completa impossibilidade de seu desdobramento pelo sono, enviamos trabalhadores para fazer a assepsia na sua própria residência. Nosso irmão querido é alguém tomado pelo sentimento de culpa por não dar conta de vencer seu vício. Está em conflito interior e à beira de um acidente vascular. Nas noites em que se encontra intoxicado pelo álcool, se ele saísse do corpo cairia direto na mão de seus adversários e parceiros de vício e o quadro obsessivo agravaria ainda mais a sua situação.

A orientação de nosso diretor, Eurípedes, foi de lhe prestar toda assistência possível antes que a doença faça a correção dolorosa. Já são passados alguns anos de tentativa e o que conseguimos foi a amenização de sua angústia e o retardamento do quadro físico que avança para riscos perigosos a qualquer instante.

Apenas concluindo meus apontamentos, dona Modesta, quero ressaltar que nossa tarefa junto ao trabalho da psicografia é levar aos irmãos informações que ajudem nossos companheiros encarnados a ter uma noção real da importância e do impacto que suas noites fora do corpo têm em suas rotinas durante o dia e ainda acrescentar o quanto o espírito anseia pela liberdade da matéria densa e os saudáveis benefícios dessas noites de emancipação, conforme a questão 400 de *O livro dos espíritos*:

> "O Espírito encarnado permanece de bom grado no seu envoltório corporal? É como se perguntasses se ao encarcerado agrada o cárcere. O Espírito encarnado aspira constantemente à sua libertação e tanto mais deseja ver-se livre do seu invólucro, quanto mais grosseiro é este."

Dona Aparecida, doutor Inácio, irmã Ana Paula, professor Cícero e todos vocês aqui presentes são chamados a cooperar com esse projeto, o que muito me estimula. Será muito educativo levar aos encarnados informações que os sensibilize e os habilite a se prepararem para ter noites mais proveitosas e úteis.

Podemos improvisar proteção para quem sai do corpo durante a noite. O êxito dessa iniciativa depende essencialmente do desejo sincero de proteção que essa pessoa mantém em seu estado de vigília. Há quem passe seu dia completamente distanciado de interesses mais nobres e dignos, sendo quase impossível que, ao sair do corpo, possamos fazer algo em seu favor.

Será uma benção se conseguirmos abrir a mente dos encarnados sobre como eles próprios podem cooperar com a aspiração de se verem mais livres das imposições da matéria e com isso permitir mais solidez aos ideais de espiritualização e criatividade mental.

Após aquela reunião descontraída todos partiram para o serviço ativo a que estavam vinculados e foram se organizando para que os seus apontamentos sobre as tarefas chegassem semanalmente às mãos do doutor Fernando, que os filtrava e deixava mais adequados à proposta de trabalho feita por Eurípedes Barsanulfo.

No dia seguinte àquele encontro, o doutor Fernando registrou a palestra proferida por ele no Lar de Tereza e que compõe nossos apontamentos.

3
NOVOS TRABALHADORES PARA O LAR DE TEREZA

Era uma noite fria em São Paulo. A temperatura na capital paulista era de 12ºC, mas a sensação térmica era de 10ºC. Por volta das 23 horas trovoadas e raios antecederam a chuva intensa que durou horas. Os fenômenos naturais do plano físico intensificavam a limpeza fluídica dos ambientes na grande cidade, tornando menos densas as camadas de matéria mental emanadas pelos encarnados ao longo do dia.

No astral do Bairro Itaquera o Lar de Tereza cumpria sua rotina de socorro e orientação. A palestra do doutor Fernando estava marcada para as três horas da manhã, horário em que aumentam significativamente as chances da saída do corpo físico com mais lucidez e facilidade.

Um grupo de 123 pessoas, que haviam sido amparadas por longo tempo naquela casa de amor durante as noites de emancipação espiritual, seria preparado para cooperar com as atividades. A equipe do doutor Fernando estava representando o Hospital Esperança e já pronta para a ocasião, cujo objetivo seria prestar informações sobre a importância das atividades da alma durante sua liberdade espiritual.

Em pequeno salão onde eram realizadas outras atividades de amparo havia uma imagem em tamanho humano de Santa Tereza de Jesus com suas vestes religiosas, ladeada por dois vasos com flores amarelas exalavando um perfume que acalmava e revigorava os presentes. Acima da imagem estava estampada uma frase de Santa Tereza: "Deus tem cuidado dos nossos interesses muito mais do que nós mesmos, sabendo o que convém a cada um".

Irmã Ana Paula abriu a palestra com uma sentida prece, manifestando profunda alegria pelos trabalhadores terem aceito participar dessa iniciativa de multiplicação dos servidores do bem. Logo em seguida, doutor Fernando começou sua fala.

— Que Tereza de Jesus ilumine nosso encontro bendito. Sei da gratidão e do carinho de todos vocês com esta casa de amor. Além de encerrar um ciclo de atendimentos de auxílio, não posso deixar de manifestar também a minha alegria por vocês estarem aqui hoje e por saber que vocês já aceitaram o convite de manter o vínculo com o Lar por meio da cooperação e do aprendizado.

Todos você se recordam claramente dos benefícios, do carinho e do amor incondicional que receberam dos servidores do Lar. Muitos de vocês passaram por momentos angustiantes e desesperadores e foi aqui, durante o desdobramento pelo sono, que recuperaram a energia e receberam conforto e estímulo para continuar a caminhada. Sei que nesse grupo existem integrantes de várias crenças religiosas e até quem nada professe em termos de religião. Isso não há de impedir ou mesmo alterar os intuitos sagrados de cooperação de vocês com as atividades para as quais serão preparados. Agora, que já se encontram mais disponíveis e com recursos mais apropriados no campo mental, será fundamental que obtenham maiores esclarecimentos sobre os serviços noturnos, a fim de ampliarem ainda mais a noção do alcance dessas atividades em favor do bem.

O homem comum, desavisado das bênçãos e luzes espirituais, ignora ou desconsidera a importância da emancipação fora do corpo durante o sono para o desenvolvimento da alma. Vocês conseguiram ultrapassar essa condição mental indesejável e alcançaram um nível tão satisfatório de lucidez que receberam o convite para o serviço ao próximo.

Aproximadamente um terço do dia é passado em estado de libertação do espírito em relação às forças grosseiras da matéria que aprisionam o ser. Nessas horas o espírito realimenta-se de energias e experimenta percepções que impedem que ele esqueça ou deixe de sentir por completo que algo maior e muito além da vida no corpo o espera para depois da morte. Para muitos, dormir é apenas repor forças físicas e recompor a fisiologia cerebral. Entretanto, nesse período, as mais essenciais iniciativas e os mais significativos acontecimentos espirituais determinam e modelam as experiências do dia que virá, assim como a forma de viver o dia também tem impacto determinante no que vai acontecer após o sono físico.

Como pertencemos a ordens religiosas diferentes, vou utilizar da nomenclatura mais usada no Espiritismo e nas crenças espiritualistas para que a nossa linguagem seja direcionada para as terminologias mais conhecidas e facilite nosso intercâmbio. Após a minha fala, poderemos conversar para tirar as dúvidas.

Em nível de liberdade do espírito, cada noite fora do corpo pode ser comparada a um pequeno processo de desencarnação antecipada. Nele a alma renova suas esperanças de um dia regressar à sua verdadeira pátria espiritual e se libertar dos grilhões da matéria. Vocês, que conhecem nitidamente essa sensação, sabem o valor que ela tem para alimentar a esperança e o desejo de viver quando regressam ao plano físico após uma noite de sono bem aproveitada. Emancipar-se do corpo é regar a sensação de impermanência e liberdade, o que permite uma vida mais desapegada e consciente. Uma mente bem alinhada com trabalhos noturnos no bem se nutre da essência da vida e cultiva sua própria espiritualidade. Uma noite de emancipação bem vivida é comparável à intensa nutrição espiritual necessária para que a vontade de viver e progredir não adormeça.

Estejamos convictos de que após a noite escura da aflição e da dor experimentada por vocês, meus irmãos, chega o momento do cuidado de amor e multiplicação dos benefícios recebidos. Realizando algo em favor do próximo, vocês adquirem noções mais claras das bênçãos que felicitaram a vocês mesmos durante o tempo em que aqui foram assistidos, dilatando ainda mais sua sensibilidade para a gratidão e o desejo de servir.

Feitas essas reflexões iniciais, quero lhes oferecer informações que lhes permitam dilatar a noção sobre como a bondade dos planos mais elevados da vida valoriza o período da liberdade espiritual pelo sono, no qual os planos maiores enxergam um ato de elevação, uma oportunidade de avanço, e se dedicam a serviços delicados para que todos que se encontram encarnados façam de suas noites um momento de espiritualização.

Essas atividades noturnas incluem orientações renovadoras do caminho humano e, principalmente, intervenções decisivas para o afastamento do mal. Ao acordar e recobrar os sentidos, cada ser tem essas orientações registradas em forma de intuições e certezas no fundo da alma. São realizadas também as tarefas de amparo no bem; são dados avisos a respeito de provas para as quais o homem deve se preparar melhor; são feitas as programações das viagens astrais de estudo e cursos preparatórios e encontros com entes queridos desencarnados ou mesmo com inimigos visando uma reconciliação, dentre muitas outras atividades. Entretanto, muitos não conseguem sequer se emancipar em função do nível de excitação cerebral e mental, pois estão muito vinculados aos assuntos transitórios de suas existências. Outros saem do corpo e dão continuidade aos negócios materiais visando soluções para maior ganho. As causas mais conhecidas que dificultam a emancipação são os maus tratos com o corpo e o clima mental ruim, sendo que outros fatores de menor influência ainda podem interferir. Em maus tratos corporais se incluem os da má alimentação, o uso de certas medicações, a ingestão de alcoólicos, a obesidade mórbida, doenças mais graves, estafa física, etc.

Durante a vigília, o duplo etérico, que é o corpo agregador das energias vitais, se contrai, funcionando como uma válvula que impede a perda de vitalidade. Ao anoitecer, porém, ele se expande e projeta o seu diâmetro até um metro ou mais para fora do corpo com o objetivo de recolher o fluido vital necessário à vida na matéria. Enquanto isso, o perispírito viaja nas experiências necessárias e que estão conectadas com os interesses da alma, indo para lugares distantes e em faixas de vibração diferentes às da vida comum na sociedade terrena. Enquanto o duplo etérico é a fonte de vitalidade do corpo material, o perispírito é a usina de energia do Criador, alimentando o desejo de viver e o instinto de conservação. Sem vitalidade, o corpo adoece. Sem energia de vida, a mente se desequilibra.

A matéria mental dos encarnados, despejada no astral do planeta durante o dia, cria uma camada de miasmas tão intensa que tem impedido o desdobramento pelo sono de grande parte da população do orbe ficando literalmente presa a essa espessa e tóxica membrana que se instala bem no nível vibratório da crosta terrena. As matérias da culpa, da ansiedade, do medo, da mágoa e de várias dores emocionais provocam a formação dessa nuvem miasmática. O períspirito, quando inicia seu desdobramento pelo sono, pode ser atraído para essa membrana, dependendo de como se encontra o estado mental de cada pessoa ao dormir. Espíritos que trabalham nas falanges organizadas da maldade costumam usar porções gigantescas dessa matéria adoecida para bloquear a saída daqueles que se encontram acessíveis à sua atuação obsessiva.

Não fosse pela bondade celeste que saneia o ambiente terreno em regime de programação e controle rigorosos, com certeza o planeta já não comportaria condições para a vida física, uma vez que o corpo espiritual não conseguiria ultrapassar essa barreira. Isso poderia causar um colapso de forças na estrutura do períspirito em função da ausência do alimento mais nobre que é buscado em esferas mais sutis, tendo como consequência imediata a escassez de vitalidade absorvida pelas funções do duplo etérico. Esse saneamento vem sendo feito pelas equipes do Arcanjo Miguel, responsáveis pela defesa e proteção do planeta, com o uso de avançada tecnologia interplanetária.

As megalópoles e metrópoles têm um tratamento diferenciado, e na lista dos saneadores ambientais do astral já ultrapassam cem cidades em toda a Terra. O critério estabelecido para essa ação diferenciada é determinado não só pelo número de habitantes, mas, principalmente, pelo nível moral dos espíritos que reencarnaram nesses grandes centros e o ponto estratégico de suas localizações no orbe. Na condição de megalópole, a cidade de São Paulo, especificamente, recebe esse tratamento diferenciado pelo seu grau de influência social e espiritual no povo brasileiro. Desde sua fundação os espíritos diretores vinculados ao Brasil, prevendo a expansão de sua missão no país, já providenciaram tecnologia e organização preventiva para que desastres no entorno astral da capital não trouxesse maiores danos aos seus habitantes. Mesmo com medidas de amparo e com a assistência espiritual, a emancipação pelo sono físico no astral de São Paulo oferece maiores e mais frequentes riscos e impedimentos — tanto os de ordem natural quanto os planejados pela espiritualidade. Os ambientes naturais e o contato com a energia neles existentes são importantíssimos para facilitar esse deslocamento noturno pelo sono.

Vocês serão inseridos nos trabalhos mais singelos do Lar de Tereza. Apesar de singelos, não são menos nobres ou essenciais, pois tratam-se das tarefas de asseio de matéria mental e da esterilização de colônias bacterianas nos chacras e zonas perispirituais vitais daqueles que aqui serão socorridos.

Vou lhes passar agora uma estatística resumida dos quatro principais atendimentos oferecidos no Hospital Esperança para que dimensionem, em níveis percentuais, a frequência dos mesmos e quais são os temas mais comuns que necessitam de socorro para quem sai do corpo durante a noite.

- Tormenta decorrente do medo: 30%.

- Perturbação em função do ganho financeiro: 25%.

- Pessoas que estão a ponto de desistir de tudo: 20%.

- Mágoas profundas: 16%.

- Depressivos em crises agudas, doenças físicas, potenciais suicidas, jovens a caminho do vício, lares em perturbação, obsessão, doentes mentais e terminais, motoristas irresponsáveis, assaltantes e ladrões e outros vários quadros e acontecimentos: 9%.

Por meio desse levantamento, começamos a estudar os motivos humanos para tantas dificuldades no desdobramento espiritual noturno. O medo continua sendo a doença emocional que prepondera e mais prejudica o sono natural e revigorante. Aqui no Lar será também esse sentimento e suas interferências que mais serão tratados por meio dos asseios energéticos.

Vocês iniciarão como auxiliares de suporte daqueles que já realizam essas atividades. Cada um dos atuais responsáveis pelos banhos energéticos receberá uma dupla de apoio. Todos vocês terão muitas oportunidades de aprender sobre a medicina vibracional na prática e farão pequenos cursos preparatórios em noites alternadas de trabalho e estudo.

Fazendo ligeira pausa e pegando um objeto que estava em mesa próxima, doutor Fernando o levantou para que todos os ouvintes pudessem vê-lo e explicou:

— Todos vocês receberão nesta noite esta pulseira que ficará em seus perispíritos. Ela mandará informações preciosas aos centros de tecnologia desta casa, orientando nossos técnicos a respeito do estado de vibrações e condições mentais em que vocês se encontram durante o dia. Esse sistema de assessoria nos permite a intercessão rápida de socorro e apoio às suas necessidades sempre que necessitarem de ajuda na manutenção do equilíbrio, sem a qual os acontecimentos em torno de seus passos poderiam impedir a adesão assídua aos trabalhos noturnos. Um mapa com dados detalhados do tônus vibratório da aura e do estado mental de cada um de vocês será desenhado nos computadores do Lar de Tereza, antecipando informações fieis sobre quantos poderão ingressar na tarefa sem maiores prejuízos ou quantos precisarão de um suporte para não perder a oportunidade. Guardas estarão sempre de prontidão para emergências. O trabalho do bem não pode contar com improvisos. Com isso, evitamos o deslocamento desses guardas ao mundo físico, o que consumiria longas horas em verificações locais, e fazemos melhor proveito da mão de obra humana que já é muito escassa nas tarefas de rotina com os internos aqui nessa enfermaria de amor.

Cada uma dessas pulseiras é concedida por meio da intercessão de alguém da família espiritual que avalizou o ingresso de vocês nas responsabilidades que assumem agora. Como elas estão programadas com coordenadas precisas de onde se encontra o Lar aqui no astral, vão funcionar também como bússolas orientadoras assim que vocês se desdobrarem pelo sono. Além disso, pequenos chips contidos nelas recebem impulsos eletromagnéticos de nosso centro tecnológico para induzir o desdobramento seguro, usando de avançada tecnologia produtora de ondas alfa[1].

Agora, gostaria de ouvi-los em suas dúvidas ou contribuições.

O ambiente do salão estava impregnado de um clima saudável. Reinava a esperança naqueles corações que acabavam de ouvir o doutor Fernando. O desejo de contribuir e, ao mesmo tempo, a audição da palavra acolhedora e lúcida do médico, inspiravam ânimo em todos, causando uma agradável sensação de que não faltaria amparo ou orientação.

Diante da proposta de diálogo, uma senhora iniciou sua fala.

— Meu querido doutor Fernando, quero expor algo. Meu nome é Elvira e moro em Santana, bairro de São Paulo, capital. Quero falar da minha alegria por estar entre as pessoas escolhidas para cooperar. Nunca imaginei que um dia isso poderia me acontecer. Não faz muitos meses que cheguei nesse Lar abençoado, completamente atormentada, e me enquadro bem na estatística dos 16% que estão magoados e quase desistindo de tudo.

Essas saídas do corpo à noite são para mim uma segunda existência. Digo isso porque parece que tenho mesmo duas vidas em uma só: aquela que tenho quan-

---

[1] Alfa é um estado relaxado e concentrado da mente, típico de uma onda cerebral de sete ciclos por segundo (7Hz). Ele permite uma concentração total e a sincronização dos hemisférios direito e esquerdo do cérebro. É o estado próprio para ler, ouvir e outras formas de recepção de informação. Fonte: http://alphalearning.com.br/o_que_sao_as_ondas_alpha_e_theta.html

do estou acordada, vivendo o meu dia a dia e essa que aqui se manifesta. Mesmo me sentindo mais segura e conseguindo levar para a vida diária, em forma de intuições e sensações, os benefícios aqui recebidos, não posso deixar de ser sincera com o senhor e dizer que, se a morte vai me trazer tão suave leveza de ser e tanta liberdade quanto sinto nessas noites, fico receosa de querer apressá-la em minha caminhada. Isso me deixa um tanto confusa.

Sinto-me tão bem aqui fora do corpo, tão consciente e desapegada, que começo a elaborar esse tipo de pensamento que me assusta e me confunde. O senhor entende? Acho que estou querendo morrer mais rápido para vivenciar definitivamente o que sinto enquanto estou aqui.

— Claro que entendo, dona Elvira. Seu depoimento é extremamente valoroso e acredito que muitos entre vocês possam estar vivendo algo parecido.

Na medida em que a alma vai ajustando sua vida interior, cada noite fora da matéria é bastante similar ao que o espírito experimenta após a perda do corpo físico. Cada noite é como se fosse um desencarne temporário e parcial. A senhora tem toda a razão em fazer essa comparação. Nada há de errado nisso e nem precisa desejar apressar a morte, porque ela só chegará na hora certa.

Vou lhe pedir permissão para ler uma pequena parte da questão 402 de *O livro dos espíritos*, que diz:

> "O sono liberta a alma parcialmente do corpo. Quando dorme, o homem se acha por algum tempo no estado em que fica permanentemente

depois que morre. Tiveram sonos inteligentes os Espíritos que, desencarnando, logo se desligam da matéria. Esses Espíritos, quando dormem, vão para junto dos seres que lhes são superiores. Com estes viajam, conversam e se instruem. Trabalham mesmo em obras que se lhes deparam concluídas, quando volvem morrendo na Terra, ao mundo espiritual. Ainda essa circunstância é de molde a vos ensinar que não deveis temer a morte, pois que todos os dias morreis, como disse um santo."

Veja essa expressão "sonos inteligentes". É o que começou a ocorrer com cada um de vocês, a tal ponto que já são chamados a cooperar nas atividades. Que seria do espírito se, ao reencarnar, não tomasse mais contato com a sensação de sua pátria de origem, de sentir-se livre e sem o peso do apego, como a senhora mesma falou?

Aqui no plano espiritual, a cada noite, o que acontece à grande maioria dos emancipados pelo sono é a benção da reavivação da impermanência e eternidade do ser que são sensações essenciais para a caminhada humana com motivação e idealismo. Sem essa nutrição, teríamos uma maioria esmagadora de depressivos no planeta. O instinto de conservação fora do corpo físico ganha volume e densidade pela aquisição de forças vivas e atuantes nas engrenagens profundas dos corpos sutis. E para isso não é necessário o nível de lucidez alcançado por vocês aqui presentes. Basta sair da matéria em relativo equilíbrio e essa reativação ocorre por um processo espontâneo e natural.

No entanto, os sonos inteligentes permitem algo mais ao espírito. Além de reabastecimento da essência divina que é a energia vital, pode-se ampliar a sensibilidade e começar um processo de interagir de forma mais consciente com essas duas vidas às quais a senhora se referiu. O nível de consciência se amplia, mas não para apressar a morte, e sim para levar à vida física um tanto mais de idealismo, alegria e prazer de viver.

Mostrando um grau elevado de aproveitamento dos benefícios alcançados, dona Elvira se permitiu ainda continuar na troca de experiências.

— Tenho quase cinquenta anos, doutor Fernando. E diante de sua explicação fico pensando: por que tive que gastar esse tempo todo para chegar até esse momento? O que estou vivendo aqui no Lar é o sono inteligente?[2] Pelo que me lembro, durante toda minha vida ainda não tive nenhuma experiência de emancipação com tanta lucidez como nos últimos meses. Não me recordo de nada ou será que, se já tive, apagou-se da minha memória?

— Sua pergunta é muito sábia. O fato é que o que se vive fora da matéria não se esquece. A ausência de lembranças acontece porque até então seus registros foram de um nível consciencial menor. É o que ocorre em grande parte dos casos onde as lembranças da vida física durante a libertação da alma são nubladas e as que ainda permanecem com o espírito ao voltar para o corpo físico são quase nulas.

Gastamos quase a metade da vida para subir um degrau considerável no patamar de nossa conscientização espiritual fora do plano físico.

---

[2] Questão 402 de *O Livro dos espíritos* – Allan Kardec – Editora FEB.

— É muito impressionante a diferença. Sinto que sou uma no corpo físico e outra aqui. No plano físico sou uma mulher controladora, perfeccionista e vivo cheia de preocupações. Aliás, foi por isso que vim me tratar no Lar.

Já quando estou aqui, durante as noites, sinto-me livre e sem necessidade de me preocupar com quem amo da forma como penso quando estou acordada. Livrei-me da neurótica necessidade de arrumar as coisas. Consigo estar aqui e não pensar no que virá daqui a pouco. Minha mente está centrada. É tão bom que não dá vontade de voltar e acordar.

— Já tivemos muitos depoimentos semelhantes ao seu, minha irmã. É a prova incontestável de como desligar-se do corpo físico significa ter uma vida diferente, a nossa verdadeira vida.

— Mas por que tenho que ser assim quando volto para o plano físico?

— Toda a nossa evolução foi realizada no contato dos dois elementos gerais do Universo — espírito e matéria — interagindo com Deus para promover o progresso do ser. No plano evolutivo, podemos sintetizar a seguinte linha direcional: do átomo ao arcanjo. É na vida física que processamos os hábitos, as conquistas milenares da moral e executamos o desenvolvimento dos valores enobrecedores.

As tendências e traços da personalidade estão submissos ao poder magnético que a matéria exerce, gerando sensações, necessidades e motivações que guardam íntima relação com essas características inerentes ao ser espiritual.

O cérebro estipula os processos dos quais a alma tem ou não acesso, conforme suas necessidades e interesses, pois ele é o administrador do patrimônio divino que gerencia nossas conquistas. Quanto mais o sono se torna inteligente, mais o aparelho cerebral programa níveis diferenciados de memória, estímulos e redes de conexão entre o conhecimento, a experiência e as qualidades. É nesse processamento que assumimos os impulsos e formas de ser que já são comuns a cada um de nós no caminhar das reencarnações.

A senhora só consegue esses momentos de liberdade em relação a esses comportamentos que lhe oprimem na matéria porque já vem construindo sua mudança pela reforma interior em busca de novos valores e de uma vida mais proveitosa. Do contrário, não teria como viver tal nível de leveza e bem-estar fora da matéria e ainda guardar tamanha lucidez a esse respeito. Daqui para frente a senhora vai sentir cada vez mais essas sensações ao acordar, de forma clara e consolidada como uma conquista.

— Isso é verdade mesmo. Venho me esforçando muito para mudar esse meu modo de ser. Tornei-me espírita convicta, ajudo o meu próximo em tarefas sociais, estou sendo assistida por especialistas da área do comportamento, estou usando medicação controlada e tenho feito um esforço gigante para deixar de ser quem sou.

— Essa sua contribuição é decisiva. Quanto tempo a senhora vem travando essa luta educativa?

— Doutor Fernando, pelo menos há uns vinte anos eu venho fazendo essa mudança.

— E há quanto tempo vem sendo assistida nessa casa?

— Há uns oito meses, aproximadamente.

Diante da resposta de dona Elvira, doutor Fernando, que não conhecia os detalhes da sua ficha, perguntou à irmã Ana Paula.

— É esse o tempo que ela está sendo assistida no Lar, irmã Ana Paula?

— Tem um pouco mais de tempo — falou a irmã com generosa discrição.

— Precisamos de clareza, querida irmã, para que o exemplo possa ser útil aos outros aqui presentes.

— Já tem um pouco mais de dez anos que ela vem sendo socorrida em nossa casa de amor.

— Meu Deus! — expressou-se com total surpresa dona Elvira. — Dez anos? Mas como posso não me lembrar disso?

— Não se assuste, dona Elvira — falou doutor Fernando, como quem já tinha se acostumado a esse tipo de ocorrências. — Esse tipo de informação não é sempre divulgada aos assistidos para não causar uma sensação de desânimo, mas isso é quase uma regra geral. A lembrança do período que alguém é assistido fora da matéria é sempre muito menor que o tempo real de sua permanência nesse gênero de socorro.

— Eu nem podia imaginar. A irmã Ana Paula sempre foi tão amorosa, cordial e nunca me revelou nada a respeito. Que bondade a de vocês! Não tenho mesmo como agradecer tanto amor. Nossa, sinceramente, sinto-me até confusa com essa informação. Talvez isso signifique que dei muito trabalho, não é?

— Mesmo que ela revelasse essa informação, dona Elvira, sua memória a esse respeito não seria muito fiel e possivelmente a senhora poderia até duvidar.

— Estou muito, mas muito surpresa e confusa — manifestou dona Elvira como se já tentasse avaliar em que época começou seu atendimento no Lar de Tereza. — Quer dizer que, ao longo desses anos, é como se a noite anterior se apagasse da minha memória na noite seguinte.

— Isso depende de cada um. Para alguns, cada noite que eles vêm ao Lar é como se fosse a primeira vez, para se ter uma ideia. Não se lembram do lugar, das pessoas e muito menos do que aconteceu nas noites que já passaram por aqui.

— Puxa, mas há dez anos...

— Tentando recordar, dona Elvira?

— Sim, estou pensando o que teria acontecido há dez anos para que eu viesse parar aqui. Estou organizando minhas lembranças e as coisas já começam a fazer sentido.

— O que aconteceu?

— Foi quando me separei do meu marido. Nós morávamos em Santana, onde resido até hoje e ele mudou-se exatamente para o bairro de Itaquera, aqui, onde fica o Lar de Tereza. Jesus!

— O que foi dona Elvira?

— Essa lembrança trouxe de volta muitas outras. Consigo agora me recordar de algumas coisas.

— Continue!

— Consigo me lembrar de algo que aconteceu.

— Conte, por gentileza.

— Estou vendo em minha mente a imã Ana Paula de braços abertos para mim em frente ao quarto de meu ex-marido. É como se ela me esperasse. Ao vê-la, não resisti, chorei descontroladamente e ela me trouxe para os jardins do Lar.

— Foi isso mesmo que aconteceu, minha filha — intercedeu a irmã.

Sua mágoa a atraía todas as noites até a residência de Cristóvão. Seu coração foi profundamente ferido pela traição dele e você tinha sede de vingança, mesmo já nutrindo os ideais nobres da religião espírita. Todas as noites você varava os céus de São Paulo, assim que saía do corpo, para cobrar a atitude de Cristóvão, exigindo que ele confessasse quem era sua amante.

Naquela noite impedi sua entrada no quarto, porque lá estava sua rival. Não era hora de saber quem era. As perturbações poderiam ser ainda maiores. Sua separação estava em andamento e a mulher a quem ele se ligou era casada e mãe de família. Havia mais chances de multiplicar as dores e provações. Intercedemos a pedido de um nobre coração vinculado a ela, e você também precisava de sossego, perdão e tempo.

— Como sou grata a seu coração, querida irmã. Imagino que se soubesse, naquele tempo, quem era a amante dele teria feito um escândalo e causado muito sofrimento desnecessário.

— Dona Elvira, agradeço muito sua transparência diante do grupo, mas não é nosso desejo constrangê-la.

— Não me sinto constrangida, irmã querida. Sinto-me muito grata e fortalecida por saber de tudo isso. Como disse, tive tempo de pensar e me reestruturar, perdoei e hoje tenho sossego na alma, mesmo sabendo quem é minha rival. O que me pareceu um absurdo na época, hoje vejo como lição. A mulher com quem Cristóvão se envolveu era nossa vizinha. Seu nome é Mariana, uma pessoa daquelas que qualquer um diria: "ponho minha mão no fogo por ela". Era o que os dois queriam. Tiveram o que mereciam.

— E, diante dessas lembranças do passado, como a senhora se sente quando está no corpo físico?

— No corpo me sinto como estou aqui agora. Liberta, compreensiva e muito contente por não ter de segurar uma pessoa infeliz ao meu lado.

— Penso que esse sentimento foi gestado, inicialmente, aqui fora do corpo, dona Elvira. A senhora confirma isso, irmã Ana Paula? — interviu respeitosamente doutor Fernando.

— Sim. Tudo mudou um ano depois da separação. Pouco tempo após aquela noite em que evitamos aquele encontro, com o casal fora da matéria, conseguimos auxiliar Cristóvão em um momento de doença. Sensível aos nossos apelos, diante dos tormentos da culpa que ele sentia pela traição, nós combinamos um encontro entre ele e Elvira aqui no Lar. Ele foi honesto e muito humilde em reconhecer seu equívoco.

Tocada pelas palavras sinceras do ex-marido, o coração de Elvira transbordou as barreiras da mágoa e ela não conseguiu evitar a necessidade de saber por que ele a traiu. Cristóvão assumiu com cuidadosas palavras que nunca deveria ter se casado, que não era um homem para isso. Esclareceu que foi a alegria de Elvira, ao aceitar o convite para formar um lar, que lhe deu alguma esperança de mudar suas tendências levianas e sensualistas. Naquele momento, ele reconheceu perante ela que o seu maior erro foi aceitar o casamento, e pediu seu perdão sincero, que lhe foi dado por meio de um abraço muito afetuoso. As algemas morais se romperam nessa noite significativa e feliz, e os elos energéticos que os prendiam em clima de tristeza e dor se desfizeram ao toque do verdadeiro amor fraterno.

O senhor está certo, doutor Fernando, em supor que a melhora ostensiva de Elvira se iniciou aqui no Lar. Somente após esse encontro, que se deu há quase nove anos, foi que ela conseguiu desligar-se do passado com mais facilidade para receber amparo e começar uma longa e paciente jornada de preparo e tratamento de suas fragilidades morais, a fim de chegar até os dias de hoje.

Diante daquele testemunho e da extrema sensibilidade dos presentes, o silêncio era absoluto, pois todos se encontravam profundamente emocionados. Absorvidos pela história de Elvira, cada qual elaborava seus próprios sentimentos, suas próprias histórias pessoais. Fazia parte do encontro esse momento para que todos pudessem sentir na alma o trajeto percorrido para que estivessem ali, sendo preparados para trabalhar e servir.

Retomando sua palavra sábia, própria de quem domina e conhece de perto o assunto, doutor Fernando continuou sua palestra.

— Ao voltar para o corpo, muitos não recobram as lembranças do ocorrido durante a noite ao saírem em emancipação. Esse fenômeno seletivo, realizado pela mente, obedece ao instinto de proteção e necessidade de cada alma. Porém, à medida que avança em melhoria moral e espiritual, essa cortina mental que separa a memória da lucidez vai se tornando mais tênue, favorecendo recordações claras das noites abençoadas durante a independência do espírito.

Até mesmo o trajeto do Lar de Tereza para a residência de vocês — e vice-versa — pode ser esquecido uma ou outra noite dependendo do estado mental de cada um. A pulseira vai lhes ajudar num percurso seguro até que ganhem mais mobilidade, autonomia e desenvolvam o que Kardec chama de sono inteligente. Alguém mais gostaria de participar?

4
LEMBRANÇA DAS ATIVIDADES REALIZADAS

— Doutor Fernando, se me permite, gostaria de fazer uma pergunta.

— A palavra é sua.

— Meu nome é Júlio e sou policial militar. Enquanto ouvia a narrativa de dona Elvira pensei no meu caso. Ao contrário dela, eu tenho uma nítida lembrança de minha chegada a essa casa no período em que nos encontramos desligados do corpo físico.

Fico pensando se essa questão de lembranças também tem alguma relação com o volume das atividades que realizamos durante a emancipação. Por exemplo, sua palestra começou às três horas da madrugada. Antes de vir para cá eu estive com uma filha no ambiente astral da casa dela; passei no meu ambiente de trabalho, onde tive contato com amigos espirituais que me orientaram sobre várias questões da profissão; encontrei com um amigo querido que está acamado em um hospital e conversei livremente com alguns benfeitores que têm orientado meus esforços na doutrina. Também sou espírita e estou ligado a várias atividades no centro que frequento. Portanto, no meu caso, fico pensando que parte dessas recordações citadas por dona Elvira poderiam ser esquecidas em razão dessas múltiplas realizações que podemos exercer fora da matéria. Eu mesmo já não me lembro do que conversei com minha filha há algumas horas. Será que é algo natural esquecer uma parte das coisas daqui?

— Como já foi mencionado, essa questão do esquecimento enquanto se dorme é muito relativa ao grau de consciência de cada espírito e ao montante de compromissos e realizações espontâneas que ele exerce durante esse tempo. Espaço e tempo são muito diferenciados enquanto se está fora da matéria.

Dona Elvira teve um bloqueio natural, uma seletividade automática da mente, mas tudo está gravado em seu campo mental. Como pudemos notar, com um pequeno esforço ela ativou parte de tais memórias.

Se o irmão verificar, o processo é o mesmo de quando se está na vida física. Nem todos se lembram de tudo. A rotina mais recente é gravada como mecanismo de segurança que orienta as atividades, mas lembrar-se de dez anos passados vai depender da capacidade de memória de cada um. Você, por exemplo, Júlio, consegue dar sequência às atividades ou iniciativas de uma noite para a outra?

— Em algumas tarefas, sim. Principalmente naquelas com as quais me encontro mais envolvido, como a profissão, por exemplo.

— É exatamente isso. O interesse e o envolvimento com o que se faz fora do corpo são o que determinam o grau de consciência.

— Algumas vezes, quando chego para participar de algumas tarefas no plano espiritual da casa espírita, meus amigos mencionam que não compareci na noite anterior e eu não consigo entender, porque eu nunca me lembro do motivo de minha ausência.

— A presença de interrupções nas lembranças durante o desdobramento espiritual noturno é mais comum do que ter a completa lucidez. As noites dos encarnados fora da matéria seriam muito menos produtivas caso não recebessem o apoio de orientadores e amigos. Para conseguir o deslocamento da alma para fora da matéria, a maioria dos homens se comporta como crianças que necessitam da mão amiga dos pais para conduzi-las.

— Por várias vezes me senti assim, sem saber onde estava, porque me encontrava em tal lugar e o que me levou ali. Simplesmente fui atraído por forças que desconheço. Essa assessoria nunca me faltou e realmente é o elo que nos conecta à própria consciência e me dá uma tremenda segurança.

— Sendo assim, creio que ficou clara essa questão de tempo, espaço e memórias fora do corpo, não é, Júlio?

— Muito clara. Na verdade, mais do que perguntar, eu queria era confirmar se é desse jeito mesmo.

— E, quanto mais nitidez a respeito das suas memórias o espírito fora do corpo tem, mais se ampliam as chances de lembrar dos seus movimentos quando acordar. Eles surgirão em forma de intuições, sensações, flashs de memória e em outras formas naturais de apossar-se novamente dos conteúdos gravados durante o estado de sono inteligente.

Assim que o doutor Fernando completou sua resposta, uma senhora, muito timidamente, levantou a mão e disse:

— Doutor, eu gostaria de falar.

— Qual seu nome?

— Meu nome é Elaine.

— Faça sua pergunta, dona Elaine.

— Sou católica e faço parte da paróquia de Nossa Senhora do Carmo, em Itaquera. Eu sonho muito com anjos e vejo Santa Tereza de Jesus com dois vasos de flores amarelas ao lado dela. Não entendo como posso viver isso aqui de forma tão real, acordar no corpo e apenas supor que isso é um sonho.

Esse meu sonho, acredito, é apenas um retrato do que vejo aqui — e apontou para a imagem da santa ladeada pelos vasos de flores. Eu acordei várias vezes com essa frase aí na minha cabeça: "Deus tem cuidado dos nossos interesses muito mais do que nós mesmos, sabendo o que convém a cada um".

Minha pergunta é: será que eu vou me lembrar de alguma forma de que agora faço parte de um grupo de pessoas que vão colaborar nessa casa de amor? Será que algum dia eu me lembrarei desse lugar e das nossas conversas, estando acordada na matéria?

— Dona Elaine, isso depende muito do nível de consciência de cada pessoa, embora tenha que ressaltar que o conhecimento do Espiritismo, que explica com clareza sobre o que faz a alma enquanto o corpo dorme, é de fundamental importância para colaborar na clareza do assunto.

Ter conhecimento de que o espírito trabalha, estuda e está em atividade constante durante o sono é fator fundamental para se resgatar o que aconteceu por meio do bom senso e da dedução, de uma forma mais nítida.

— Então eu teria que ser espírita para ter essas lembranças?

— Não necessariamente. O conhecimento ajuda muito e permite ter mais clareza.

O sonho que a senhora tem é outra forma de tornar acessíveis essas lembranças. A sua mente vai elaborar, de acordo com os conceitos e experiências individuais, o que seu espírito faz à noite. Para melhorar sua fidelidade às atividades noturnas, ao acordar a senhora pode começar a dar mais importância aos sonhos e analisá-los de forma mais fervorosa.

— Eu tenho um amigo espírita que me disse que nem todo espírito faz algo de bom à noite e que é preciso muito conhecimento para realizar trabalhos no bem fora do corpo.

— Façamos uma pequena correção nessa fala, dona Elaine. O conhecimento é muito importante, mas não é só isso. O que faz mais diferença para habilitar as pessoas aos serviços noturnos do bem é o interesse da pessoa em servir e os valores nobres da alma que a sustentam, tais como generosidade, altruísmo e indulgência. A senhora compreende?

— Sim, faz sentido. Na matéria adoro dar banho nos velhinhos do asilo, faço visitações em clínicas de idosos, tenho um coração cheio de fé no catolicismo e respeito todas as formas de amar a Deus. Sou muito devota a São Miguel e amo a vida. Quando o senhor falou que o Arcanjo Miguel é quem protege as noites no planeta, fiquei muito emocionada.

— A senhora não precisa de mais nada, dona Elaine. Não é por outra razão que está ingressando nesse grupo de servidores do bem.

Suas lembranças podem não ser tão precisas e nem tão claras no mundo físico. Poderá, porém, perceber a proposta essencial do que acontece aqui, como se Santa Tereza lhe fizesse um pedido para ajudar a arrumar os vasos de flores, ajudando as pessoas.

O sono inteligente, ou sonho espírita, essa ação de emancipar-se do corpo físico e depois relembrar o que aconteceu, é um capítulo da natureza dos sonhos e poderá ser acrescida por simbolismos em forma de imagens ou sensações que são elaboradas no inconsciente. Essa tarefa do inconsciente visa a solução de pendências na vida mental e ao reequilíbrio no sistema emocional. Ficou claro para a senhora?

— Muito claro, doutor Fernando. O senhor esclareceu muito bem.

— Alguém mais quer fazer alguma pergunta?

— Eu quero, doutor. Me chamo Nina e queria entender uma coisa.

— Fique à vontade!

— Aqui estou lúcida e consciente, mas no corpo físico estou com doença de Alzheimer. Já não falo, não ando e minha memória já acabou há tempos. Sou assistida nessa casa de amor todas as noites. Será exagero dizer que minha vida no corpo acabou e somente quando durmo tenho uma vida verdadeira?

Não fui esclarecida por quanto tempo vai durar esse quadro e nem tenho nenhuma preocupação em saber disso, principalmente porque a cada noite passada no Lar de Tereza sinto um alívio na alma como jamais experimentei nos últimos 50 anos da minha vida física.

Por longo tempo cultivei muita mágoa, dor e decepção na vida física. O senhor acredita que essa doença tenha sido causada por conta desse tipo de sentimento que cultivei? E qual o objetivo de manter meu corpo nesse estado por tanto tempo?

— A senhora mesma deu a resposta, dona Nina. Existe um leque de motivos para alguém minguar tão lentamente na matéria com a doença de Alzheimer. Um deles, por exemplo, é o de permitir ao espírito se livrar de quadros emocionais muito dolorosos de forma lenta e gradativa. Outro motivo é a mágoa.

Se a senhora tivesse um desencarne súbito, por certo poderia chegar aqui, em uma situação de profunda perturbação mental e loucura em função de tanta ofensa nas estruturas emocionais. A doença lenta e sua vida fora do corpo em estado harmonioso de emancipação permitem uma adaptação suave e gradativa.

A menos que haja outro motivo, é o que penso sobre o assunto. Talvez a irmã Ana Paula, que lhe conhece bem, possa acrescentar algo — falou doutor Fernando, solicitando com o olhar que a irmã se manifestasse.

— Não tenho nada a acrescentar, doutor. Sua tese ao caso de Nina foi muito precisa. Pode continuar sua explanação, por caridade.

— A senhora, dona Nina, foi muito magoada mesmo. Consigo fazer esse registro na minha tela mental e penetrando um pouco mais em sua mente, vejo seu corpo físico. Talvez a senhora tenha entre 65 e 70 anos, confere?

— Tenho 72 anos, doutor.

— A senhora consegue identificar com qual idade seu perispírito se apresenta fora do corpo?

— Não, doutor. Ainda não me dei conta disso, nem mesmo me ocupei com esse assunto.

— Pela aparência, a senhora ainda não tem 40 anos fora da matéria. Como a mágoa envelhece, temos um sinal muito claro de que as suas estão se dissolvendo, permitindo assim a limpeza em sua aura, reajustando seu coração e equilibrando seu campo mental.

— Com sua licença, doutor Fernando — interferiu dona Elaine. — Eu não acredito! Será?

— O que foi, dona Elaine?

— Eu conheço essa senhora lá da clínica. Meu Deus, não pode ser! — exclamou dona Elaine que, se levantando e aproximando-se bem de dona Nina, fixou nela o olhar. Após alguns instantes perguntou: — A senhora, por acaso, é dona Anita?

— Sim, esse é meu nome. Nina é um apelido.

— A senhora está na Clínica de Repouso de Itaquera?

— Sim, estou lá desde que comecei a perder a memória e a dar muito trabalho aos filhos.

— Pai do céu! Eu faço visitas a ela, doutor Fernando. A senhora não está me reconhecendo?

— Desculpe, dona Elaine. Nem sempre consigo identificar o que se passa enquanto estou no corpo. Não teria como me recordar da senhora.

— Eu a visito todas as terças-feiras. Olhando com mais atenção nos detalhes consigo ver os traços da dona Anita em seu rosto. Que surpreendente! Desculpe-me pela falta de educação, doutor Fernando, não me contive.

— Não tem falta de educação, dona Elaine, pelo contrário. Que experiência rica esse seu relato. Com certeza será motivo de reflexões para todos nós. E a senhora, dona Nina, como se sente diante de tudo isso?

— Muito surpresa. Já vi essa senhora aqui no Lar várias vezes durante a noite. Nem sempre conseguimos trocar algumas palavras entre nós, como o senhor deve saber, mas nem podia imaginar algo assim.

De alguma forma, ter consciência de minha aparência e de meu estado me alivia. Antes eu só queria saber quando iria ocorrer meu desencarne, mas acredito que diante dessas informações que o senhor me passou, isso fica em segundo plano.

Tenho mais é que agradecer à irmã Ana Paula por essa bondade, de coração, e pelo que ela tem me proporcionado. Se mesmo nas minhas condições eu puder ser útil a essa casa, estarei de coração aberto. Foi aqui, fora da matéria, que a vida começou novamente para mim.

— Fico feliz em ouvir suas palavras, dona Nina. A bondade divina lhe deu a chance de se acostumar com o plano espiritual por etapas e sem choques. Aproveite e livre-se de tudo aquilo que poderia pesar no seu desencarne.

De alguma forma a sua doença vai servindo para que seu grupo familiar reajuste muitos sentimentos e lembranças e cresçam em espiritualidade diante das dores da vida.

Sair do corpo doente e ter o que fazer fora da matéria, de fato, é uma benção que poucos usufruem. Nem todos que sofrem de Alzheimer guardam as mesmas condições. Desmemoriar-se de más lembranças por meio dessa doença é uma travessia segura entre a terra e o céu. Seu caso me faz lembrar a questão 401 de *O livro dos espíritos* que diz

> "Durante o sono, a alma repousa como o corpo? Não, o Espírito jamais está inativo. Durante o sono, afrouxam-se os laços que o prendem ao corpo e, não precisando este então da sua presença, ele se lança pelo espaço e entra em relação mais direta com os outros Espíritos."

Em muitos casos de doentes em coma, e em outras condições físicas de padecimento, o tempo fora do corpo é benção redentora e repleta de oportunidades. Tudo obedece a um fim e o Alzheimer é um leito de dores com ricas lições.

Estamos caminhando para finalizar nosso encontro em função da hora, mas quero ainda lhes falar algo que importa a todos.

Esta palestra está sendo registrada e fará parte das anotações que vou encaminhar a uma equipe no Hospital Esperança que está preparando um livro para ser enviado oportunamente ao mundo físico, pelas vias da mediunidade.

O tema central será exatamente o que estamos estudando: a vida espiritual durante o momento da emancipação pelo sono. As perguntas oportunas e muito práticas que vocês fizeram esta noite vão integrar o livro mediúnico. Peço-lhes, portanto, a autorização para contar essas histórias. Depois formalizaremos isso por meio de um documento.

Para encerrar o estudo de hoje e iniciarmos o procedimento de instalação das pulseiras, oriento-lhes a respeito do tema mais profundo e urgente das nossas vidas. Falem muito sobre o amor e, sobretudo, vivam o amor. É esse o caminho mais luminoso. Não importa o rótulo religioso, a profissão ou mesmo o estado ou a idade do corpo físico. O amor é a energia da vida e da libertação.

Se desejam ter lucidez fora da matéria, conquistem-na enquanto estão no corpo físico. Estejam acima dos padrões materialistas e transitórios do mundo.

Como parceiro do Hospital Esperança, o Lar de Tereza começa aqui uma nova etapa. Técnicos e soldados preparados em nossas frentes de serviço estarão monitorando e orientando as tarefas luminosas desta casa. Teremos permanentemente a presença de guardiões e forças da natureza sob o comando deles, para garantir melhores condições às suas novas iniciativas de serviços e aprendizado.

Passamos agora a lhes entregar essa tecnologia essencial nos serviços noturnos bem organizados. E que Jesus nos proteja nos caminhos do bem!

Assim que o doutor Fernando encerrou sua fala entrou uma equipe de quinze trabalhadores do Hospital

Esperança. Eram judeus, trajados a rigor, usando o quipá[1] na cabeça. Três deles traziam grandes bandejas nas mãos, onde estavam as pulseiras. Os outros doze ligaram computadores ultramodernos que fariam os ajustes entre o instrumento e seu usuário.

Os três homens responsáveis pela entrega se assentavam, cada um diante de um dos trabalhadores, colocavam a pulseira no braço e a ligavam. Após isso, colocavam a mão direita sobre o chacra frontal e, com a mão esquerda, ajustavam uma sincronia de frequências e vibrações que, por sua vez, eram ajustadas com as coordenadas de lugar e trajeto entre o Lar e a residência de cada um deles. Assim que eram acionadas, elas emitiam um silvo e o sinal chegava até os computadores, sendo confirmado pelos demais técnicos que analisavam os dados.

A iniciativa se repetiu até encerrar os 120 trabalhadores, quando somente então a tarefa naquela noite foi encerrada, regressando cada um deles aos seus lares. Ficou apenas a equipe de judeus que continuariam o monitoramento, realizando outros ajustes.

A experiência de preparar trabalhadores emancipados no Lar de Tereza foi coroada de pleno êxito. As expectativas em relação aos novos trabalhadores era uma chama de esperança. Porém, bem menos de um terço deles conseguiram romper os desafios pessoais e manter fidelidade ao trabalho. As condições do grupo permitiam-nos prever essa redução de trabalhadores ao longo do tempo. Após três meses de atividades,

---

[1] O quipá (em hebraico, kipá, "cobertura") é o chapéu utilizado pelos judeus tanto como símbolo da religião como símbolo de "temor a Deus".

contavam-se apenas 22 servidores, entre eles dona Elvira, Júlio, dona Elaine e Nina, trabalhadores que se manifestaram naquela noite em função do avanço e das conquistas já realizadas. Eles faziam parte daqueles que apresentavam melhores possibilidades de dar sequência ao compromisso.

5
A PALAVRA LIBERTADORA DE CHICO XAVIER

Todas as quartas-feiras a palestra de esclarecimento no Hospital Esperança era reservada para grupos de líderes espíritas emancipados durante a noite. Eles se uniam a centenas de dirigentes desencarnados, internados nas alas destinadas especificamente a eles para ouvir a palavra de almas nobres que lhes tocavam o coração. Bezerra de Menezes, Caibar Schutel, Eurípedes Barsanulfo (diretor do Hospital), Veneranda e tantos outros espíritos iluminados pelo Evangelho do Cristo traziam suas mensagens em forma de amor puro.

Em uma dessas noites, dona Modesta cuidava das iniciativas para realizar a harmonização mental de um grande grupo de amigos encarnados responsáveis pela direção de grandes organizações da comunidade espírita. Eram 450 dirigentes ao todo. Eles passavam por um momento crítico e já era a quarta semana seguida em reuniões com objetivos de conciliação, tolerância e paz, nas quais não se estava obtendo muito êxito nos esforços.

Muitos dirigentes, com influente nível de atuação, disseminavam a ideia de realizar ações com o objetivo de afastar algumas lideranças que, em seus entendimentos pessoais, prejudicavam os objetivos das instituições em que atuavam. Os ânimos estavam exaltados e em algumas dessas grandes casas já estavam em andamento até mesmo algumas ações jurídicas fundamentadas em estatutos e regimentos para afastar membros e cobrar explicações.

O velho dilema entre conservadores e inovadores mais uma vez se apresentava, separando opiniões, sentimentos e amizades. Era um momento muito delicado. Mesmo em se tratando de casas diferentes e com profundas raízes históricas na seara espírita, o núcleo dos conflitos não se alterava: era a necessidade compulsiva pela propriedade da verdade.

Aquela noite, porém, reservava uma surpresa, pois não foi dito quem faria a palestra. Dona Modesta convocou os protetores espirituais desses dirigentes para que fizessem esforços redobrados a fim de trazê-los para fora da matéria visando o esperado encontro. Pouco depois de meia noite, já tínhamos a presença de 439 dirigentes daquele grupo de 450. Era um número acima da média, já que a frequência do grupo flutuava entre 380 a 420 presentes com assiduidade alternada.

O ambiente foi preparado previamente com medidas especiais para a noite e se encontrava apropriado para motivar o clima espiritual de entendimento e equilíbrio. Um aroma suave de damas-da-noite invadia o local, podendo ser percebido por todos. Uma música de tons calmantes, combinada ao astral harmonioso, induzia a uma conversa amena. Mesmo assim ficava clara a condição mental predominante, pois muitos estavam deprimidos, falavam pouco e tinham a mente atormentada pelas imagens das lutas que vinham enfrentando. Eram 439 doentes, carentes de apoio e em delicado estado emocional. Quem os conhecesse na vida de relação no plano físico, sabendo da conduta ativa e inquietante, não os reconheceria ali enfermos e cansados, como se estivessem hipnotizados pelos próprios interesses. Apresentavam-se literalmente desgastados. Notava-se que alguns se encontravam em estado de choro discreto. Sabiam onde estavam, o que vieram fazer ali e, no entanto, é como se estivessem amordaçados por si mesmos. Sua capacidade de mobilidade fora do corpo era mínima em função do estado mental deprimente.

No corpo, durante o dia, eram guerreiros do poder. À noite, fora da matéria, eram mentalmente atormentados pela energia da discórdia e da disputa, amordaçados em suas próprias criações mentais.

Havia chegado a hora. Dona Modesta entrou no salão, orou pedindo as bençãos de Jesus em favor de todos e começou a falar.

— Amigos queridos, que a paz esteja em seus corações! Temos acompanhado cada minuto de seus desafios e os nossos esforços se multiplicam para levar a concórdia e a harmonia para suas instituições.

Todos sabem que nossas velhas sombras interiores ainda teimam em se manifestar e que a medicação curativa do Espiritismo, apesar de sua excelência, ainda não está sendo ingerida por nós na dosagem necessária para estabelecer a saúde de nosso espírito. Nosso hospital, representado pelos servidores ligados ao coração de Eurípedes Barsanulfo, tem se desdobrado em medidas que buscam o melhor para todos.

Peço-lhes perdão por preferir não divulgar quem nos trará a palavra consoladora esta noite, mas tenho a certeza de que foi melhor assim em função de nossas necessidades morais e carência de sossego. Ficou claro que essa didática motivou a curiosidade e os incentivou a vinda até aqui, sob a supervisão de corações queridos a todos.

Sem mais palavras, convido nosso mensageiro da noite a assumir a condução dos trabalhos. Peço que olhem para trás e vejam quem vai nos presentear essa noite.

Assim que dona Modesta convidou o palestrante, a música foi diminuída e apareceu ao fundo do salão, volitando a alguns metros acima da plateia, o servidor do Cristo, Chico Xavier, e todos se viraram para vê-lo.

Deslizava vagarosamente no ar como um anjo com sua boina, olhava para cada lado saudando com os olhos e com as mãos a todos os presentes. Sua aparência era a mesma que todos conhecemos, um pouco mais jovem, mas com o mesmo sorrido cândido.

Os dirigentes não sabiam o que fazer e, instintivamente, todos se levantaram. Uns cruzavam as mãos sobre o peito, outros estendiam os braços como se quisessem tocar o querido Chico. A cena lembrava aqueles grandes anjos de Deus em pleno ar, com suas auras luminosas e santificadas.

À medida que passava pelo corredor que dividia o salão em duas alas, a vontade que muitos tinham era de sair andando atrás daquele espírito de luz. Alguns caíram em pranto convulsivo colocando as mãos no rosto, repetindo o nome do querido médium em voz alta. O estado mental de todos mudou instantaneamente com sua simples passagem. Mais que uma surpresa, criou-se um estado de profunda expectativa. A presença de Chico Xavier infundia uma sensível esperança de solução e libertação em seus corações. Suas mentes estavam como que catalisadas pela mente do amado médium, que começou sua mensagem:

— Meus irmãos, que Jesus e Sua santíssima Mãe nos envolvam em paz! Peço desculpas por tomar o seu tempo e sua atenção. Não lhes tomarei mais que alguns singelos minutos.

Nossa querida Maria Modesto Cravo, com sua bondade, pediu-me para trazer algumas palavras de conforto.

Nesse instante, minha mente me traz uma lembrança importante da mensagem de Jesus: "Não será assim entre vós; mas todo aquele que quiser, entre vós, fazer-se grande, seja vosso serviçal; e qualquer que, entre vós, quiser ser o primeiro, que seja vosso servo."[1]

Sinto a tristeza que pesa sobre seus corações. Os vossos anseios junto às organizações espíritas que representam são muito justos, mas ninguém pode negar o quanto as nossas almas clamam por sossego e quietude.

Para almas como nós, cada movimento na direção da justiça se assemelha a pesado tributo que pagamos depois de milênios atormentados pela velha doença do egoísmo. Renúncia e concórdia são os remédios para tal doença. Trabalho e desapego são os pilares para erguer os valores que nos libertarão

Suspiramos por alívio, pois estamos todos muito cansados de nós próprios e do nosso caminhar na contramão das necessidades mais profundas da alma.

Se vocês, meus irmãos, fossem chamados a largar o corpo hoje, seria na condição de indigentes em profunda depressão que estariam nesta casa. Teriam o socorro necessário como resposta da misericórdia pelo bem que espalharam, no entanto, não se livrariam de realizar o trabalho interno à custa de dores

---
[1] Mateus 20:26-27.

que já poderiam ser dispensadas e que compete a cada um de nós na trilha da evolução.

Ouçam os vossos amigos que já largaram o corpo e aqui se encontram em tratamento, amargando as dores do arrependimento cruel. Libertem-se corajosamente da opressão do poder. Sejam servos uns dos outros.

Ninguém encontra méritos no céu por representar organizações transitórias e falíveis. Nossos merecimentos reais e incorruptíveis são aqueles que construímos com nosso equilíbrio interno, humildade, desprendimento, vigilância, esforço e serviço no bem. A luta por cargos e status não lhes tem coroado com a glória da alegria.

Eu peço agora que todos fechem os olhos e imaginem o nosso bendito Mestre nas praias lindas da Galileia.

Cada um de nós vai se transportar para esse ambiente de luz e sentir o mar, a brisa e o Senhor da vida vindo de braços abertos em sua direção. Abrace Jesus, sinta o abraço do Mestre. Agora, afaste-se um pouco, cruze suas mãos sobre o peito, olhe nos olhos Dele e diga com toda a sua sinceridade: "Senhor, liberte-me da minha própria opressão, alivie o cansaço da minha alma, me ajude a sossegar meu coração. Fique comigo para sempre, Senhor! Que assim seja!"

Após essa breve meditação, a participação do Chico foi encerrada. Ele falou por menos de cinco minutos, mas, mesmo assim, transformou a todos. Os dirigentes ficaram inebriados. Simplesmente passaram da condição de tristeza para uma paz indescritível, num estado de tão profunda plenitude que nem conseguiam falar.

Imediatamente após a fala do amoroso companheiro, os tutores que zelavam por cada um deles iniciaram a tarefa de adormecê-los e regressar ao corpo. Foi tudo muito rápido. Em alguns minutos, em absoluto silêncio, o salão estava vazio.

Doutor Inácio, professor Cícero e dona Aparecida, além de doutor Fernando que tudo anotava, presenciaram o evento e tiveram ainda a chance de abraçar o querido Chico. Ainda vimos dona Modesta conversando brevemente com ele que logo após sumiu como um raio de luz em direção a planos maiores.

Em sua breve passagem, o missionário do Cristo deixou uma aura de pacificação no ambiente e todos os corações asserenados. Dona Modesta, ciente da necessidade de esclarecimentos adicionais, em conversa informal com o grupo de trabalhadores presentes, disse:

— Como vocês sabem, esses dirigentes representam as cem maiores organizações espíritas no Brasil. Eles são corações muito amparados e sobre os quais recaem esperanças muito amplas, considerando o nível de influência de todos sobre a comunidade espírita e a sociedade.

Há um plano cruel em andamento, elaborado pelas organizações dos dragões do mal para tumultuar e derrubar as diretorias das instituições em que atuam, que inclui desde doenças graves até assassinato de médiuns. O propósito maior é o de derrubar tarefas e organizações históricas da comunidade espírita.

Esses dirigentes são os mais visados porque suas organizações representam, nos dias atuais, fortes núcleos distribuidores da luz do Espiritismo em favor do bem.

A ideia é desmoralizar instituições para enfraquecer a força das tarefas que realizam junto a milhares de pessoas e perante a própria comunidade. O reflexo nocivo disso é imprevisível também sobre as casas espíritas menores e mais novas.

Nossos companheiros vivem um momento de grandes desafios. Suas instituições não tiveram sua administração aprimorada nem incorporaram outros cuidados que a vida contemporânea exige, permitindo largas brechas na conduta dos colaboradores para a entrada do conflito, da obsessão e do mal.

Os tempos são outros. As organizações não conseguem mais viver somente de idealismo porque as mudanças sociais e as necessidades morais da modernidade trouxeram um novo campo de experiências, leis e necessidades que há quarenta ou sessenta anos não eram as mesmas dos tempos de hoje.

Enquanto se esforçam por fazer ajustes surgem os embates naturais do aprendizado. As organizações estão instáveis, inseguras e ameaçadas. Para agravar ainda mais esse quadro, aparecem servidores que não são tocados pelo mesmo idealismo e honestidade dos tempos em que as tarefas se sustentavam somente a poder de boa vontade e caridade.

Cientes disso, os dragões aproveitam as brechas e excitam toda a energia do poder e da disputa que gera mais problema e falsidade. Nossos irmãos vivem momentos de muita dor. Compreenderam a razão da palavra do Chico a eles? O Chico lhes fala ao coração — completou doutor Inácio Ferreira, após breve pausa. — A maioria deles conheceu o médium ainda na vida física. São contemporâneos da missão dele.

— Dona Modesta, me impressiona como eles ficam ao saírem do corpo — falou o doutor Fernando. — Tive a oportunidade de acompanhar alguns deles durante o dia, nos serviços de cooperação para as tarefas dessa noite e, ao vê-los aqui, quase não os reconheci. Não só apresentam notória tristeza, mas também forte mudança no semblante. Quem são esses espíritos?

— O perispírito traz a marca do tônus emocional que pertence a cada um deles e, com isso, estão adoecendo também os seus corpos físicos. Nossos irmãos não só deixaram de atualizar seus métodos administrativos, mas também seus costumes. Procedem de um grupo espiritual com largos compromissos morais como o orgulho e a necessidade de reconhecimento.

Fica cada vez mais claro como a geração de espíritas dos anos trinta e seguintes, hoje na casa dos 60 a 80 anos, foram preparados para viver um Espiritismo institucional e marcado por modelos rígidos. São poucos os irmãos dessa geração que escapam dos conceitos preconcebidos e repletos de engessamento e, quando conhecemos algum, nos admiramos.

Diante desse quadro, temos que ter muito respeito pelos limites que eles não conseguiram vencer, pois eles vão conseguir avançar em novas etapas e estão dentro do processo evolutivo que dão conta.

São fundadores de generosas obras sociais e espíritos que reencarnaram com graves compromissos conscienciais. Buscam com esforços incansáveis recuperar o trajeto de sombras e quedas que deixaram ao longo da história, em sucessivas reencarnações. Carregam intenso sentimento de culpa e o doloroso desafio íntimo de vencer o sentimento de posse egoística sobre a verdade, a compulsiva necessidade de serem reconhecidos pelo que pensam e pelo que sabem.

Por conta dessa tendência milenar, raros são aqueles que lideram ou organizam obras de amparo puramente pela generosidade sincera e pelo amor incondicional. Quase sempre cumprem esse roteiro de atividades na liderança ou nas atividades de serviço ao próximo, buscando aliviar suas dores e manter-se de pé diante do apelo pavoroso da tristeza que os procura nos recessos do coração para massacrá-los em severas depressões e crises de mau humor. No trabalho do bem encontram alívio, orientação e motivação para se reerguerem. Entretanto, não são almas redimidas e de grande elevação espiritual, como muitos na matéria acreditam.

Quem lhes partilha a convivência mais íntima pode atestar, em são juízo, como são personalidades controladoras, de humor alterado e capazes de atitudes completamente incoerentes com o amor que pregam e com as ações das quais participam para amparar o semelhante.

Ter conhecimento dessa realidade não os diminui e deve servir para que tenhamos uma noção mais clara de que poucos entre nós estão fora dessa condição onde quer que estejamos nas lides do Espiritismo, com menos ou mais experiência. Portanto, é injustificável qualquer sentimento de desprezo ou cobrança, desrespeito ou discriminação a eles — considerando que todos nós nada mais somos do que doentes em busca da nossa própria alta no hospital que o trabalho espírita representa.

Nossa tarefa é amparar incondicionalmente. E Chico Xavier é a voz que eles mais ouvem.

— Compreendi, dona Modesta. Parece que o trabalho do Chico é mais amplo agora do que no mundo físico — ponderou doutor Fernando.

— Olha, meu filho, o Chico desencarnado está ainda mais ativo do que antes. Era de se esperar que fosse assim.

Nesses últimos treze anos, após o seu desencarne, tivemos uma procura intensa no Hospital Esperança por parte de espíritas que queriam saber se ele estava trabalhando aqui.

O Chico encarnado era uma ponte entre os planos físico e o espiritual. O Chico desencarnado é uma escada do céu para a Terra. A única coisa que mudou é que ele ganhou juventude. Agora é que ele não vai parar um minuto sequer de trabalhar e arrumar trabalho para todos.

Antes ele era o serviçal de todos; agora, pela autoridade moral e pela gratidão dos beneficiados pela sua bondade, sempre que ele precisa de alguém não há quem lhe negue colaboração e apoio. Por essa razão, é fato comum ver sempre o Chico entrando pelas portas do Hospital Esperança com um volume enorme de solicitações sobre pessoas e situações para amparar. Se a ausência dele no mundo físico mudou muita coisa, a presença dele entre nós mudou muito mais.

Uma visita dele na enfermaria ou uma palavra em alguma assembleia acelera todos os processos de transformação. Em recente palestra para alguns internos do hospital que não queriam voltar ao corpo físico, ele fez chover pedidos de reencarnação depois que mostrou as vantagens de se voltar ao corpo.

Basta uma aparição do Chico para que pessoas em desdobramento pelo sono, ao acordarem no dia seguinte, tenham suas disposições renovadas para solucionar seus problemas.

— Que bênção para todos nós — comentou doutor Fernando. E como será o resultado desse encontro nos conflitos que esses dirigentes estão passando?

— Para cada um deles o alcance será diverso. De uma forma mais geral ocorrerá uma amenização dos pendores mais agressivos. Todos conseguirão um melhor nível de sensibilidade para vigiarem suas expressões. Nada mais que isso. Ainda teremos muito serviço e atividades de auxílio nesse caso até que os acontecimentos tomem proporções menores. Eurípedes Barsanulfo não tem medido esforços para acolhê-los. Doutor Bezerra, igualmente, tem se desdobrado em esforços com sua equipe para ampará-los. O trabalho desta noite, sem dúvida, é semente de esperança lançada em pleno campo de batalhas.

A conversa estava fluindo normalmente quando um servidor veio trazer uma notificação à dona Modesta, com urgência.

— Dona Modesta, desculpe a interferência na conversa, mas temos uma urgência no portal de entrada do hospital e precisamos de sua ajuda.

— O que foi, meu filho?

— Muitas pessoas ligadas aos dirigentes que foram socorridos esta noite estão aí fora para tirar satisfações.

— Qual o estado deles?

— Bem perturbados. Alguns chegam ao ponto de xingar palavrões, questionando como podemos amparar gente tão mesquinha. Estão bem furiosos.

— Vamos lá — respondeu dona Modesta chamando toda a equipe que ali se encontrava para acompanhá-la.

Chegando aos portais de entrada, todos perceberam que o clima estava bem alterado. Homens e mulheres irritados questionavam por que não poderiam entrar e queriam saber o que estava ocorrendo com os dirigentes lá dentro. Eram mais de cem pessoas em clima bem desequilibrado. Dona Modesta dirigiu-se para um canto dos portais e os chamou para lá, a fim de prestar informações e permitindo, com isso, que o aglomerado de pessoas não impedisse a realização dos serviços de rotina. Acompanhada pela sua equipe, questionou:

— Qual a razão de tanta alteração, meus irmãos?

— Queremos saber por que eles entraram no hospital e nós não — adiantou-se um homem, que começou a falar com raiva.

— Vocês não estão impedidos de entrar. Porém, a tarefa da noite tinha outro destino. Nada impede que possamos providenciar algo para vocês também. O que gostariam de obter de nossa parte?

— Queremos é saber por que auxiliam esses ambiciosos. A senhora, por acaso, sabe o que estão fazendo na vida física?

— Sim, temos ciência de tudo. Por isso mesmo, para abrir-lhes o coração é que os trouxemos aqui.

— E a senhora acha que isso vai resolver? Um desses infelizes abriu um processo jurídico para me tirar do cargo. Muitos dos presentes aqui são alvos de discriminação e manobra política da parte deles. Eu achei que o problema era só na minha casa espírita, mas ao me encontrar aqui com essas pessoas, vi que o assunto parece ser algo de maior alcance.

— Meus filhos, vocês estão muito alterados. Acaso conseguem reconhecer quem somos nós?

O grupo não esperava essa pergunta, mas dona Modesta parecia já saber bem como lidar com aquele contexto.

— Acaso não perceberam que sou Maria Modesto Cravo? Olhem quem está aqui ao meu lado, dona Aparecida de Uberaba, Inácio Ferreira, Cícero Pereira e outros amigos do coração de todos vocês.

— Dona Modesta? — indagou aquele homem agora sem qualquer alteração. — Doutor Inácio?

— Sim, somos nós, seus amigos de doutrina. Estão tão alterados mentalmente que não tiveram capacidade de nos reconhecer fora da matéria. Estamos aqui para ajudá-los também. Percebem isso?

— Dona Modesta! É a senhora mesmo, de verdade! Meu Jesus! Não sei o que está acontecendo. Perdoe a minha falta de educação. Eu não estou conseguindo me controlar. Perdoe-me! Parece que fomos todos jogados dentro de um jato de força e viemos parar aqui. A senhora pode nos ajudar? O que fizeram com os dirigentes?

— Acalmem-se e saiam dessa hipnose momentânea. Olhem em volta e verifiquem que ninguém lhes quer mal. Nós compreendemos o estado em que se encontram. Vocês querem nossa ajuda dentro do hospital?

A iniciativa funcionou e, como por encanto, todo o constrangimento e perturbação acabou. Na verdade, eles tinham sido conduzidos até o hospital para criar problemas. Estava nítido que forças sombrias, vinda das regiões inferiores, atuavam sobre eles. Eles tinham razão em dizer que estavam sem controle.

Por trás de tudo, havia um magnetismo elaborado pelos dragões que os colocava em condições de cativeiro. Foi criada uma prisão coletiva ligada a uma energia em rede, como se eles estivessem amarrados a um mesmo contexto complicado. Bastava sair do corpo e todos eram puxados e conduzidos por ela.

Diversos guardas do portal de entrada começaram a manipular energias do ambiente para anular os efeitos daquela manta de forças que atuava sobre eles e, de imediato, eles se acalmaram. Quando o grupo foi conduzido para um ambiente próximo aos portais, cada caso foi analisado com cuidados fraternos, um a um. Foram aplicados passes, várias orientações foram dadas, foi concluída a total dissipação da manta obsessiva e diversos outros recursos socorristas foram ministrados individualmente.

Um episódio, porém, mereceu destaque para os nossos apontamentos. Aquele mesmo dirigente espírita cuja história havia sido contada dias antes pelo professor Cícero se encontrava ali, junto com aquele grupo. Na vez do atendimento dele, foi o professor Cícero que o acolheu, perguntando:

— O que o traz aqui novamente, meu irmão?

— Novamente? — perguntou, demonstrando nítidos sinais de embriaguez.

— Sim, o senhor tem vindo aqui noite após noite. Não se lembra?

— O senhor está me confundindo com alguém ou está insinuando algo a meu respeito?

— De forma alguma, eu não estou me confundindo. O senhor não é o J?

— Sim, sou eu mesmo. Sou um dirigente espírita e preciso falar com Eurípedes Barsanulfo — falou, repetindo a mesma solicitação que sempre fazia quando vinha para o portal de entrada do Hospital.

— O nosso benfeitor não está aqui nesse momento.

— Eu não acredito. Sei que ele está me esperando.

— Caro irmão J, se você quer mesmo falar com Eurípedes vai ter que me dizer qual é o assunto. Se for mesmo algo de grande necessidade eu vou providenciar um encontro entre vocês. Essa é a condição para vê-lo. O que o senhor me diz?

— Digo que o senhor é muito autoritário. Eurípedes jamais o colocaria como representante dele.

— O irmão pode achar o que quiser sobre mim, mas não há outra forma. Converse comigo ou chamaremos os guardas para reintegrá-lo ao corpo físico.

— Eu acho essa atitude um descaso e um desrespeito para comigo. Sou um dirigente influente e posso abrir uma queixa sobre sua postura. Conheço postos policiais no astral.

— Meu irmão, nosso tempo é curto e nossos objetivos aqui são diversos. Fale-me do que necessita ou não terei opção. Abra sua mente e aceite que momentos novos aguardam sua caminhada espiritual.

— E o que você vai fazer se eu lhe disser?

— O que eu já lhe falei: encaminharei o assunto ao nosso diretor.

— Pois bem, vou lhe dizer. Eu quero que o senhor Eurípedes adiante meu desencarne. Minha tarefa na Terra está concluída e espero não voltar mais ao corpo. Saio como um vitorioso.

— Quer adiantar sua desencarnação? — manifestou o professor com respeito.

— Sim, isso mesmo. Já venci o que tinha de vencer na matéria. Tenho absoluta convicção de que este alcoolismo que me aflige é um processo ligado ao corpo físico e preciso me desligar da matéria para acabar de resolver esse vício. Eu tenho méritos para isso.

— O senhor me permitiria saber como foi que chegou a essa conclusão?

— Certa noite me encontrei com Emmanuel fora da matéria, o mentor de Chico, e ele deixou claro para mim que minha tarefa estava terminada, que eu podia me ausentar das duras provas pelas quais eu passo. Quando acordei no corpo senti uma alegria na alma que há muito não sentia.

Naquele momento ficou claro para mim que tinha terminado minhas lutas. Nada mais me prendia às questões transitórias. Eu me livrarei desse vício automaticamente com o desencarne. Emmanuel me garantiu que, pelo tanto que fiz ao Espiritismo, teria méritos suficientes para ser acolhido na vida espiritual em bons lugares.

Afinal, não podia ser de outro jeito, deixei um rastro luminoso na minha vida espírita coordenando organizações influentes da doutrina.

— Então é esse o seu recado?

— É, nada mais. Quando poderei ter uma resposta sobre isso?

— Ainda hoje vou encaminhar a Eurípedes o seu caso. Tão logo seja possível lhe daremos uma resposta.

— Aguardarei. O senhor vai mesmo falar com ele, não vai?

— Pode ficar tranquilo e confiante, meu irmão, que eu tomarei providências — respondeu fraternalmente o professor Cícero.

Todo o grupo recebeu tratamento e amor. Com pouco mais de meia hora o clima de paz voltou a reinar nos portais de entrada.

O caso do irmão J, porém, intrigou o doutor Fernando, que estava próximo ao professor no momento do atendimento. Após fazer um pequeno resumo, apresentando à dona Modesta o seu recado, ele perguntou:

— Ele se encontrou mesmo com Emmanuel, dona Modesta?

— Esse é um fato comum entre espíritas desdobrados, meu caro doutor. Sonham e acreditam em encontros que nada mais são do que manifestações de sua própria mente. O irmão J é um amante ardoroso da obra do Chico e isso o incentiva a buscar o mentor espiritual dele.

Falanges draconianas criaram clones de todos os vultos da doutrina e conseguem enganar os mais distraídos. Porém, esse não é o caso do companheiro J. Ele teve um sonho reflexivo, aquele que a mente organiza com os desejos e intenções mais profundos do ser, tudo dirigido para o ego. O sonho foi a expressão do desejo dele em se ver livre da matéria o quanto antes, supondo que colherá fartos méritos do lado de cá, associando a isso o alcoolismo, uma batalha que não consegue superar. São desculpas ilusórias e um mecanismo de defesa da mente.

Nosso irmão adoeceu no egoísmo e no orgulho, que o impedem de perceber a extensão de suas necessidades emocionais. Ele é doutrinariamente culto, mas analfabeto no terreno das emoções.

— Meu Deus, quanto sofrimento! E ele, pelo visto, faz parte daquele grupo dos que não conseguem resgatar a memória do dia anterior, quando fora do corpo físico. As notícias que tenho são de que ele vem aqui quase todas as noites e não se recorda.

— Sim, isso acontece. A mente simplesmente bloqueia suas lembranças recentes.

— Com todas essas informações começa a ficar claro para mim o porquê do Chico Xavier ter ido morar em Uberaba.

— No Triângulo Mineiro renasceram expressivas personalidades vinculadas à Igreja. Antigos padres, bispos, jesuítas, enfim, muitos corações com a consciência falida em torno das propostas de amor do Evangelho. Chico transformou-se em um esteio e uma referência moral para esses espíritos tão comprometidos com a história do Cristianismo nos últimos dois milênios.

— Mas esses dirigentes que estiveram aqui para ouvi-lo não são só do Triângulo Mineiro. Parece que o Brasil é um hospital para essas almas.

— Sem dúvida, doutor Fernando. Eu não encontro uma noção melhor do que seja a expressão "Brasil, coração do mundo, pátria do Evangelho". Nosso país é um lugar de falidos diante dos elevados propósitos religiosos, tentando recomeçar por onde mais erraram: na aplicação das lições do Cristo no campo do coração.

— E esse clima de disputa, eles vão continuar assim? E o Chico continuará ajudando?

— O Chico tem tarefa maior que essa. No entanto, em situações pontuais, como a que aconteceu esta noite, ele sempre estenderá sua bondade a todos.

Quanto ao clima de disputa, é serviço para muito tempo na continuidade da evolução de nossos irmãos.

O senhor pode notar que a dor da depressão não os castiga somente em estado de emancipação da alma, mas durante a lucidez no corpo físico também. Basta o doutor verificar como andam lotadas as nossas alas no pavilhão Judas Iscariotes, aqui no hospital.

— E de que natureza é essa disputa atual, dona Modesta?

— É uma disputa pelos cargos, por status e pela manutenção de uma pose de religiosos acostumados ao poder e ao controle das questões externas.

— Que necessidade é essa? Que luta! Não falo somente do irmão J e dos dirigentes, mas de nós também, dona Modesta. Mais precisamente de mim mesmo, que a bem pouco tempo dei meus primeiros passos para sair disso.

— Muitas pessoas me perguntam sobre esse assunto, doutor Fernando. Como alguém com tanto conhecimento pode manter posturas tão infelizes dentro do Espiritismo.

Vou lhe dizer uma coisa: a maioria das pessoas não está apta a avaliar o quanto as personalidades mimadas, arrogantes, excêntricas, soberbas e pretensiosas são capazes de realizar quando possuídas por boas intenções e estando sob amparo dos que os amam do lado de cá.

Desde que carregue a intenção de fazer o bem, quanto mais complicada a pessoa for, mais nós a compreendemos e desculpamos para que encontre força e motivação para continuar realizando, a despeito de suas enormes imperfeições.

Em um mundo com tanta treva, quem acende um pequeno lampejo de luz na condição de singelo vagalume, acende a tocha do Cristo aos que os procuram para multiplicar as Suas bênçãos.

Nosso irmão J foi um bispo influente em Portugal, em plena Idade Média. Contribuiu para guerras acirradas entre políticos daquele tempo visando sua ascensão na Igreja. Prejudicou milhares de pessoas e corrompeu interesses sagrados. Repetiu agora, em menor escala, seus desvios de outrora. Por isso mesmo, nada se compara ao que fez nas suas escolhas infelizes do passado quando teve em suas mãos o ilusório direito de matar inocentes por puro preconceito, ainda que hoje tenha a surpresa natural e a infelicidade de estar hoje atolado no vício do alcoolismo.

— E essa vontade de largar o corpo e morrer? O esclarecimento do Espiritismo não deveria corrigir essa sua forma de pensar?

— Ele ainda possui uma visão um tanto religiosa da morte. Acreditar que desencarnar será o encerramento de muitas provas vividas no plano físico é um resto de existência do paraíso católico na vida mental de muitos companheiros que ainda não conseguiram aderir à lógica do pensamento espírita. De fato, o esclarecimento dele é enorme, mas as crenças sobre a morte são velhas armadilhas que podem conturbar a sua forma de pensar.

— O que será dele, dona Modesta?

— Vai desencarnar brevemente sem necessidade de nenhuma intervenção de nossa parte. Faremos o possível para trazê-lo para o hospital. Com certeza, vai engrossar o volume dos espíritas atormentados pelas próprias fantasias de grandeza e ainda dará muito trabalho. Ele está pressentindo o próprio desencarne. Fora do corpo o espírito aumenta muito sua percepção sobre o futuro e consegue essa proeza de perceber o momento final, seja por meio de imagens mentais, sensações ou intuições.

Sobre este assunto, Kardec já nos esclarece em *O livro dos espíritos*, questão 411:

> "Estando desprendido da matéria e atuando como Espírito, sabe o Espírito encarnado qual

será a época de sua morte? Acontece pressenti-la. Também sucede ter plena consciência dessa época, o que dá lugar a que, em estado de vigília, tenha a intuição do fato. Por isso é que algumas pessoas preveem com grande exatidão a data em que virão a morrer."

Foi por esse motivo que Eurípedes destacou soldados atentos que impedem que ele saia do corpo e não vá para onde seu vício o levaria. Vindo para cá todas as noites vai se afinar com o lugar e poderá ser atendido aqui quando se libertar da matéria. Mesmo com lutas internas a vencer, nosso querido irmão J deu um salto no roteiro da evolução e seu nítido estado de confusão mental será uma prévia do que vai enfrentar por aqui ao largar o corpo por meio da morte.

— Compreendo dona Modesta. Compreendo! — repetiu doutor Fernando muito reflexivo. — Só mesmo o amor para atuar diante de tanta sombra.

— Só mesmo o amor pode nos reerguer, doutor Fernando. Que seria de nós sem o amor! Vamos acolhê-lo como uma criança espiritual que ainda não organizou noções lúcidas e maduras para caminhar com mais autonomia. O amor será alívio para sua alma desorientada e em futuras reencarnações, por certo, dará passos mais ricos na sua caminhada para Deus.

6
TRABALHADORES DEDICADOS OU ESTRESSADOS?

Naquela mesma noite, após o atendimento ao grupo de trabalhadores desencarnados e ao irmão J, doutor Fernando dirigiu-se para a sala de serviços tecnológicos do hospital, acompanhado por dona Modesta e dona Aparecida.

O lugar remetia aos conhecidos blocos cirúrgicos dos hospitais terrenos, com menor quantidade de aparelhagem e paredes de vidro pelas quais se podia acompanhar, do lado de fora, todo o tratamento ali realizado. Essa sala era destinada a serviços específicos de reconstituição dos corpos astrais e tarefas que envolviam a revitalização. Ela servia para encarnados e desencarnados

O atendimento ao médium Antonino, que seria o portador do livro mediúnico sobre os apontamentos do doutor Fernando, estava sendo realizado naquele momento. Ele estava deitado na câmara de revitalização, que é um aparelho similar ao da ressonância magnética com a função da emissão de forças.

Dona Modesta assentou-se ao lado do técnico responsável pelos exames, que logo começou a descrever-lhe a situação.

— Antonino está muito desvitalizado, dona Modesta. Veja os gráficos no computador.

— São referentes a qual corpo, especificamente?

— Ao duplo etérico. Suas forças perispirituais estão intactas, mas a constituição do duplo etérico tem sido muito bombardeada.

— Qual a natureza dessa matéria agregada ao duplo etérico do médium?

— Essa matéria se origina da inveja e da perseguição nas suas atividades espirituais. Já fizemos a limpeza de hoje, na qual retiramos acentuado volume de matéria tóxica de seu chacra solar. Veja só a quantidade — e mostrou um pote quase cheio, com capacidade aproximada para quinhentos gramas.

— Jesus! O que é isso, dona Modesta? — perguntou dona Aparecida, muito surpreendida com o que viu.

— É matéria mental da inveja em forma pastosa que foi raspada do duplo etérico do médium.

Após o esclarecimento e diante do espanto de dona Aparecida, o técnico continuou a explicar:

— O campo mental dele é um potente emissor de matéria antioxidante e consegue fazer as reciclagens necessárias dos chacras laríngeo, coronário e esplênico, em níveis que atingem todos os seus corpos.

Todavia, os chacras solar e cardíaco do duplo etérico estão muito alterados em função do estresse emocional que Antonino passou nos últimos anos com assuntos familiares.

Pelo chacra solar, a invasão dessa matéria alcança um percentual elevado e essa já é a quarta limpeza que executamos em menos de um ano. Esse volume de matéria extraído, caso ele não tivesse força mental de resistência, seria o suficiente para uma grave doença no corpo físico que poderia lhe retirar, inclusive, a vida física. Ficou claro, dona Modesta?

— Claríssimo, meu filho. Se esse médium passasse por uma experiência dessas com a mediunidade há vinte anos, por certo ficaria em desequilíbrio psíquico. Nos dias atuais, o quadro merece atenção, mas sabemos que as suas condições de cuidados somadas à nossa ajuda poderá remover os obstáculos com brevidade. Nas outras ocasiões, as limpezas tiveram o mesmo volume de matéria?

— Não, dona Modesta — respondeu o técnico, mostrando outros gráficos na tela. — Tiveram quase o dobro. Desta vez a melhora é nítida, embora seja impressionante que uma só pessoa consiga viver com essa quantidade de matéria tóxica.

É disso que surge a desvitalização de Antonino. Ele está em quadro conclusivo desse estresse, ainda que tenha sintomas bem evidentes de cansaço e sobrecarga. Se ele continuar se cuidando, daqui a alguns meses terá pronto restabelecimento.

O que tem lhe permitido caminhar e conseguir uma boa qualidade de vida mental é o fato de que seu nível de ansiedade está baixíssimo. A quietude mental é o antídoto produzido por ele mesmo.

— Isso é um mérito dele e fruto do esforço da sua educação emocional. E quais iniciativas estão sendo tomadas aqui hoje? Ele poderá se reunir conosco após a assistência?

— Não terá problema algum, dona Modesta — esclareceu o técnico prestimoso. — Ele está totalmente consciente e seu sono no corpo está muito revigorante. Ele já está aqui desde uma hora da manhã. Já passam de duas horas de trabalho e seu sono mantém-se em bom nível. Fizemos a raspagem e agora estamos recarregando as energias do duplo etérico.

Nosso trabalho básico dessa noite é fortalecer o chacra solar com a Dosagem de São Miguel. A formação do escudo de blindagem sobre o chacra no duplo etérico será um recurso para ser concluído em mais alguns meses de auxílio.

Só que dessa vez, em função do desgaste do corpo físico do médium, temos uma recomendação de urgência, para evitar agravamento.

— Qual recomendação?

— O afastamento temporário das atividades mediúnicas em função dos reflexos que atingiram o corpo físico do médium. Ele já apresenta alguns problemas comprovados por exame médico realizados no plano físico a respeito de sua saúde. É uma recomendação de segurança nesse momento de adoecimento. A sensibilidade de Antonino, em um contexto como esse, provoca uma explosão de forças incalculáveis sobre esse escudo, podendo ser liberadas apenas com uma única sessão mediúnica de trabalho. É necessário o estado de quietude das forças, um repouso mediúnico, para que o duplo etérico, em comunhão com o períspirito, refaça as condições de equilíbrio de forma ecológica e natural.

— E qual o tempo sugerido?

— Seis meses, no mínimo.

— Vai ser difícil convencer esse cabeça dura disso, mas providenciarei as condições. Para boa parte dos médiuns é difícil conseguir assiduidade e disciplina. Para ele, ao contrário, será quase impossível admitir o afastamento. Mas já tenho uma ideia de como conseguir. Deixe isso sob minha responsabilidade.

Após os esclarecimentos do gentil técnico, ficamos todos observando pela vidraça, acompanhando a finalização do tratamento. Mais alguns minutos e Antonino poderia se reunir com nosso grupo para discutir detalhes do novo livro.

Enquanto isso, dona Aparecida, na sua simplicidade, esboçou:

— Dona Mudesta — usou seu português bem coloquial —, me diga o que é essa Dosagem de São Miguel. Nunca ouvi falar nisso.

— Está vendo aqueles dois vidros com conteúdo gasoso azul ligados ao médium, dona Aparecida?

— Sim. São soros?

— Eles não são soros, mas têm uma função bem similar. São componentes produzidos no Hospital Esperança. A senhora faz ideia do que os compõe?

— Plantas?

— Não, dona Aparecida. Essa Dosagem de São Miguel é produzida a partir da matéria desse pote — e apontou para o recipiente onde se encontrava a matéria tóxica retirada do duplo etérico de Antonino.

— Mesmo?

— Nada se perde, nada se cria. Lembra-se dessa frase?

— Tudo se transforma — completou a fundadora do Hospital do Fogo Selvagem.

— Exatamente, dona Aparecida. Essa matéria tóxica da inveja é de uma constituição molecular que, ao ser reorganizada, produz o seu próprio antídoto em forma gasosa. Quando esse gás é injetado nas correntes de força dos chacras, se adensa e forma uma carapaça em torno do seu diâmetro, em função da diferença de temperatura. Esse escudo formado é um filtro que fortalece a segurança e protege os chacras de problemas que existem nos ambientes. É chamada de Dosagem de São Miguel porque cumpre a função expurgo, saneamento e proteção, sendo um autêntico escudo capaz de filtrar forças densas e tóxicas.

— O que aconteceu com ele para receber esse tipo de ajuda?

— Antonino está em uma prova com relação à sua tarefa mediúnica. E, como toda prova guarda um aprendizado, ele está pagando o preço pela falta de experiência que lhe permitiria melhor proteção.

Sua tarefa tem uma conotação pública que envolve multidões e o médium ainda não aprendeu como lidar de forma saudável com sua permanência no meio de muitas pessoas. Antonino está pagando caro por se permitir muita exposição no campo dos relacionamentos.

— Ele tem sido muito vaidoso?

— Não, dona Aparecida. Essa não tem sido sua maior fragilidade. Sua fragilidade é na convivência. É algo um pouco mais sutil. Ele é muito desprendido a respeito de suas faculdades mediúnicas. Nesse sentido, sua postura de vigilância com o uso da mediunidade é de um valor de extrema utilidade para sua preservação.

Ele defende o princípio cristão da proximidade inspirado na proposta de humanização da seara espírita.

Com esse comportamento acaba permitindo, por descuido, os naturais abusos da convivência, gastando excessiva energia com sua exposição no contato com o público.

Antonino está em um aprendizado exigente sobre esse assunto. É muito honesto, íntegro e disposto a usar da bondade e da autenticidade na convivência. Sua condição moral, porém, não permite tanta disponibilidade. Ele ainda não avalia, com a desejável importância, como as pessoas reagem a esse modo luminoso de ser.

— E de que forma esse contato público o prejudica?

— Um dos mais difíceis aprendizados do relacionamento humano é aprender a lidar amorosamente com as conquistas dos outros. Está muito difícil para a maioria das pessoas suportar a luz alheia. Ela incomoda, causa desconforto, remexe estruturas emocionais e, em algumas pessoas, é tomada como ameaça ou até ofensa.

A postura leal e transparente de Antonino, no seu modo de ser e falar, desperta alguns inconvenientes. É uma proximidade perigosa principalmente para ele, pois é interpretada como disponibilidade total por muitos. O resultado disso é a elevação do índice de expectativas em relação à tarefa dele como médium, como ser humano e como espírita.

E, para agravar ainda mais, a percepção sobre sua tarefa e o tamanho das suas qualidades são superestimadas pela maioria das pessoas, aumentando ainda mais as expectativas em torno dele. De alguma forma, todos os médiuns convivem com essa prova, que exige muito cuidado e um posicionamento protetivo. Munido de boas intenções, Antonino não tem tido o devido zelo, abrindo campo para uma experiência nada saudável.

— O que não é saudável na postura dele?

— A preocupação excessiva com a conduta alheia e o fato de dar mais atenção a isso do que devia. Ele excede na intenção de ter proximidade e simplicidade na sua tarefa.

Por causa dessas suas posturas durante a vida lúcida no corpo físico, as pessoas abusam com a melhor das intenções, não preservando os limites e caminhando para a insensatez, ora esperando, ora condenando demais. Com esse tipo de laço energético que o conecta a todos, alimenta a esperança de muitos na sua palavra amiga ou nos frutos de seus dotes mediúnicos. E, quando sai do corpo, não há outra palavra a usar — ele cai em uma armadilha, uma rede energética de interesses dos que lhe procuram, alguns ansiosos e outros cobradores, em lamentável quadro de invasão e tormenta. Não é nada fácil administrar isso fora do corpo físico.

Diante dessas circunstâncias, Antonino abre seu campo mental para a vampirização de gente que gosta dele. Imagine, então, o que acontece por parte daqueles que não têm bons sentimentos, que se sentem incomodados, feridos e pressionados pelo trabalho mediúnico que ele representa.

Esse quadro adoeceu o médium porque, como disse o nosso técnico, houve também o enfraquecimento de sua vitalidade em razão do estresse emocional com desafios enfrentados por ele em família. Nenhum médium que trabalha com Jesus está isento dessa possibilidade. Ao contrário, o médium com o Cristo tem que enfrentar seus desafios, e o núcleo familiar costuma ser o ambiente mais educativo e purificador quando se deseja ardentemente aprender as sagradas lições do amor universal.

— Jesus! Que coisa absurda! A pessoa é honesta, de bom valor moral e ainda paga um preço desses! Tanta gente fria no mundo e ele, que se coloca junto ao próximo, passa por isso! — comentou dona Aparecida em legítimo tom de inconformação, e completou — Ele segue o exemplo do Cristo e lhe acontece isso! Deu até um nó na minha cabeça, dona Modesta.

— Compreendo sua reação, minha irmã. Jesus realmente ensinou proximidade. Ele, porém, tinha imunidade para se resguardar do sombrio humano. Antonino é muito vulnerável e ainda está construindo essa condição.

Em verdade, qualquer médium está sempre sendo assaltado por níveis de frequência e campos de força menos conhecidos para a maioria das pessoas. Ao sair do corpo, sua situação tem sido complicada. Melhorou muito desde que iniciaram essas limpezas periódicas, feitas de um ano para cá, a pedido de Eurípedes Barsanulfo.

Por motivos educacionais dele próprio, estamos alertando de forma muito incisiva a respeito da necessidade de um novo padrão comportamental.

— E qual seria esse padrão, dona Modesta?

— Não se sobrecarregar com a responsabilidade de corresponder às expectativas alheias; produzir mais conteúdo literário que motive o amor; resguardar-se do contato com público muito grande, sempre que puder; e, quando os compromissos não lhe permitirem, tomar iniciativas concretas de defesa com uso de magia protetora e presença de grupo de amigos na sustentação de barreiras energéticas de segurança e preservação. Jesus foi próximo das multidões e o que fizeram com Ele, dona Aparecida?

— O colocaram na cruz.

— Faz parte da missão de todo aquele que deseja fazer brilhar a sua luz reconhecer os mecanismos delicados de ação das sombras.

Os relacionamentos humanos na Terra passam por instantes de muito tumulto e reavaliação nos conceitos. A palavra "amor" está engessada em uma cultura de sacrifício e responsabilidade pelo outro. Nessa ótica, amar significa, para muitos, salvar, tomar conta e controlar, atitudes que são sinônimos muitos próximos da ação de invadir e desrespeitar. Antonino não está fora dessa classe de aprendizes. Gasta excessiva energia na forma como lida com as pessoas que esperam muito dele. Acaba nos braços da pretensão. Mas não é só isso.

— Tem mais alguma coisa? Que médium complicado é esse, Jesus!

— Qual de nós não é, querida irmã?

— Fale, dona Modesta. O que mais acontece com esse pobre coitado?

— Parte de suas lutas acontece também em função do trabalho mediúnico que assina. Os temas e conteúdos que desenvolvemos por meio de sua psicografia são como bisturis precisos que operaram incisões diretas e sem artifícios nas posturas e ilusões que adornam a vida de muitos espíritas.

Tais temas provocaram igualmente uma reação de incômodo de larga proporção e até inimizades. O médium, nesse aspecto, representando no plano físico a obra que é produzida através dele, está colhendo fartos frutos de alegria, gratidão e amor por parte dos beneficiados. Todavia, como se trata de um receituário de desilusão, incomoda a muitos e atinge em cheio os pilares da vulnerabilidade dos que não querem a mudança necessária. Por natural instinto de defesa, preferem persegui-lo e recriminar.

— Foi mexer no vespeiro?

— Exatamente. No vespeiro do orgulho, da arrogância e da religião de fachada. As velhas lutas espirituais às quais todos nós ainda estamos buscando superar. Essa é mais uma razão para ser discreto, cauteloso com o que fala — mesmo que com honestidade — e vigilância com os limites nos relacionamentos.

O quadro mental de Antonino está suficientemente blindado pela sua força mental e, com o tempo, ele está tomando consciência a respeito de até onde deve chegar com sua exposição e com sua vontade de ser útil ao ser humano. A diminuição da matéria tóxica na limpeza que lhe está sendo prestada agora é uma prova disso. Em questão de meses ele se recuperará.

— Essa vampirização fora do corpo o prejudica quando ele acorda?

— Tem apresentado prejuízos para os quais ele vem sendo advertido. A própria saúde tem lhe cobrado um alto preço.

— Ainda estou muito encucada sobre como estar próxima do meu próximo pode ser um caminho para a perturbação.

— Tudo tem limite, dona Aparecida, até o amor tem a sua medida.

Alguns conceitos culturais da comunidade espírita foram invadidos por aspectos da mentalidade religiosa ancestral, que inspirou hábitos e formas de pensar que prejudicam nossos relacionamentos.

Muitos perderam o limite entre devoção e sensatez. Eis aí conceitos a serem revisados. Sem sensatez a vida de qualquer pessoa fica sem muitas experiências que poderiam lhe permitir um melhor e mais rico desenvolvimento de valores do espírito imortal. Por conta dos excessos devocionais à causa falta tempo e espaço para o romantismo dos casais, a atenção com as necessidades mais profundas dos filhos, o usufruto de um sono revigorante, a mudança periódica do estilo de trabalhar, o aprimoramento dos conhecimentos gerais, uma viagem extraordinária de férias, os cuidados com o corpo, a **criação de novas amizades e a realização de novas conquistas sociais**.

Percebemos que há o trabalho para fora que concentra forças e energias em tarefas doutrinárias em favor do semelhante, enquanto o objetivo essencial do Espiritismo é o trabalho para dentro, que ensina e permite viver um campo emocional diverso, dinâmico e continuamente em aprimoramento, em quaisquer lugares e condições da vida.

Pense nos dirigentes que ouviram a palestra do Chico, dona Aparecida, e temos um exemplo de 439 homens dedicados ao extremo ou, se preferirem, 439 homens estressados. Em vigília no corpo são chamados de homens dedicados, na emancipação pelo sono são autênticos depressivos. Estão excessivamente focados em uma única coisa: proteger suas organizações espíritas de invasões trevosas. Para eles, é nisso que se resume o conceito de amor. Muito similar ao que acontece com Antonino. Eles gastam energia demais em instituições, enquanto ele gasta energia demais em relacionamentos tóxicos.

O endurecimento de algumas formas de pensar tornou-se referência na cultura espírita. Divertir é caminho para irresponsabilidade, alegria é um sintoma de falta de seriedade, cuidar de si é egoísmo, elegância é apego e comprometimento é doação integral ao serviço da doutrina.

Antonino já está revendo sua forma de interpretar um desses conceitos, que é a mola propulsora de seu adoecimento: a **noção de devoção e amor ao próximo**. A renúncia de si mesmo chegou a tal ponto que passou a ser sinônimo de amar. A sua entrega ao semelhante, embora motivada pelas mais legítimas intenções, penetrou o terreno do encontro de sombrios, nos quais muitas de suas relações se tornaram invasivas e atordoantes. Ele não é o único a cair nesse equívoco. De forma muito ampla, esse assunto pode ser classificado como uma obsessão sutil no trabalhador espírita.

— Bom, dona Modesta, agora o caldo engrossou para o meu lado. Eu vivi uma vida só para o próximo e para as tarefas da doutrina. Mudei tão radicalmente que fui deixando a família, na medida em que já podiam se cuidar, e tudo o mais para me dedicar à causa.

— Cada caso é um caso, minha irmã. Sua situação era cármica. Nesse contexto, todo esse exame do quadro de Antonino toma outra dimensão.

Independente da variedade de casos, esses exemplos de comprometimento integral com as tarefas espíritas estão em reciclagem. Os tempos são outros. Permanecer na tarefa com a mente sobrecarregada é criar um ponto de obsessão. O mau humor, a rigidez, a irritação e o controle são portas abertas para as mais conhecidas ciladas contra o centro espírita e as organizações doutrinárias de uma forma geral.

A tarefa é uma bênção, mas não garante a proteção automática se o trabalhador não cuidar de suas próprias emoções e condutas. Diante de tais observações, é muito frequente encontrar trabalhadores espíritas cansados, tristes e mal-humorados. Olham tudo com muito pessimismo e por conta de exagerado apego ao trabalho a que se dedicam tomam atitudes radicais, insensatas e preconceituosas. Com essa atitude, ele próprio é o maior sobrecarregado porque, para viver num estado mental com referências tão rígidas a pretexto de comprometimento, cria fantasmas pavorosos em sua mente, com os quais se vê sempre perseguido, atacado e com enorme peso sobre os ombros. Ainda assim, descuidadamente, julga ser a pessoa com mais capacidade para tomar decisões ou gerenciar os acontecimentos.

Devoção à tarefa não é, necessariamente, indício de saúde emocional — pode perturbar o trabalhador e abrir condições para uma obsessão sutil.

— Haja oração!

— Sim, a prece é antídoto de incomparável poder. No entanto, o "orai e vigiai" do Evangelho também vem fazendo parte desse endurecimento de conceitos. O valor atribuído à oração tem subtraído de muitos corações a importância do esforço. Kardec já falava sobre isso em *O livro dos espíritos*, questão 479:

> "A prece é meio eficiente para a cura da obsessão? A prece é em tudo um poderoso auxílio. Mas crede que não basta que alguém murmure algumas palavras para que obtenha o que deseja. Deus assiste os que obram, não os que se limitam a pedir. É, pois, indispensável que o obsediado faça, por sua parte, o que se torne necessário para destruir em si mesmo a causa da atração dos maus Espíritos".

Veja bem o destaque que se dá para a atitude renovadora: "Deus assiste os que obram e é necessário ao obsidiado destruir em si o que atrai os maus espíritos".

Se Antonino ficar somente em oração e não reeducar seus ímpetos e velhas tendências, o processo coletivo de vampirização continuará para rumos imprevisíveis. Sua saúde pode chegar a quadros irreversíveis e sua tarefa pode ser completamente arruinada.

No que diz respeito aos recursos de superação dos desafios do crescimento, poderíamos estabelecer uma dinâmica dos três terços, nos quais um terço é a oração, um terço é o nosso amparo e um terço é a postura do médium no processo.

A assistência ao médium Antonino retrata um cenário muito comum do trabalhador de Jesus nas fileiras do Espiritismo-cristão. Embora dotada de farto conhecimento a respeito das questões imortais do espírito, expressiva parcela passa por atendimentos similares.

Nós, que estamos fora da matéria, olhamos para isso como algo adequado e necessário aos desafios que nossos irmãos na vida física estão submetidos e não medimos esforços para o amparo e o acolhimento de suas necessidades evolutivas.

Na medida em que os trabalhadores vão ampliando sua consciência e seu nível de entendimento a respeito de suas reais e mais profundas doenças no campo emocional, passam a colaborar efetivamente ao invés de ocuparem leitos que poderiam estar sendo usados por outros espíritos com necessidades ainda maiores.

A bondade multiplica o bem. Assistir Antonino, aqui representando o trabalhador da doutrina, significa semear para uma colheita farta.

As anotações de doutor Fernando sobre esse caso e sobre os dirigentes espíritas que ouviram a palavra do Chico foram consideradas por nossa equipe como de fundamental valor, para oferecer aos amados irmãos encarnados as reflexões sobre a natureza real dos acontecimentos que envolvem grande parte dos servidores quando emancipados pelo sono físico.

As tarefas grandiosas só podem mesmo ser ocupadas por quem já esteja oferecendo a si mesmo as defesas conquistadas no transcurso das lutas e experiências que fortalecem a vida mental e a sensibilidade do coração.

Por agora, com poucas exceções, as noites fora do corpo são instantes de recomposição, de receber alertas, orientações e realizar a troca fraterna para o sustento da própria reencarnação. Na medida em que o homem apresentar melhores condições de autossuficiência a respeito da vida no corpo físico, ele vai, pouco a pouco, ingressando nas fileiras daqueles que conseguem contribuir com o plano astral que o cerca, estendendo sua plantação espiritual para além da matéria durante o período de sono físico.

7
TRATAMENTO ESPIRITUAL PARA UM CASO DE FOFOCA

As atividades das quartas-feiras no Grupo Espírita Fraternidade são voltadas para a tarefa de socorro espiritual aos encarnados e desencarnados que o procuram em busca de ajuda. Nesses dias a casa está sempre lotada. Esse grupo abençoado fazia parte dos muitos núcleos de apoio aos trabalhos do Hospital Esperança no mundo físico.

A frequentadora Sílvia vinha sendo assistida há algumas semanas em função de uma anemia que não se curava. Mesmo tomando a medicação correta e realizando o tratamento médico com cuidado, ela se sentia fraca e com o apetite reduzido. Os passes ajudaram a restaurar um pouco as suas forças para trabalhar, embora sentisse extremo cansaço ao fim do dia.

Na noite anterior ao tratamento espiritual, ela foi envolvida em terrível episódio obsessivo durante o momento da emancipação. Pouco antes dos atendimentos começarem, doutor Fernando, que acompanhava o caso de perto, assim orientou a equipe de colaboradores por meio da psicofonia:

— Na noite passada, por volta das 22 horas, Sílvia saiu do corpo e, embora nossos guardas espirituais procurassem socorrê-la, nada puderam fazer. Ela se encontra em um quadro de obsessão que se torna mais complexo em função do uso de aparelhos e da magia negra.

Ao sair do corpo, ela teve seu perispírito modificado automaticamente. Ele inchou muito e lembrava a silhueta de um sapo. Sua pele se encheu de manchas em forma de gomos de uma serpente. Sua língua descia até o umbigo, se alargando e tomando uma coloração marrom. Foi algo literalmente assustador. Tentamos afastar seus dominadores, que sumiram com ela para destinos até então ignorados. Usaram de uma astúcia impressionante, puxando-a pela língua como se fosse uma gravata acoplada ao pescoço.

Pela manhã, Sílvia acordou com intensa enxaqueca, náuseas e um mal-estar forte e generalizado. Parecia um quadro infeccioso com febre em torno de 38,5ºC. Conseguiu atestado e passou a tarde inteira em sono profundo e, durante esse período, conseguimos evitar o assédio sobre ela.

Pretendemos passar o atendimento para o guardião Marabô, que já está com a sua ficha em mãos, e o fará por meio da incorporação com o médium Demétrius.

Toda a equipe espiritual da casa espírita estava a par do caso de Sílvia. As medidas necessárias foram tomadas e o grupo de colaboradores encarnados foi previamente orientado sobre quais seriam as tarefas de assistência mediúnica para aquela noite.

O trabalho começou normalmente no horário previsto e as atividades eram intensas: casos gerais de desobsessões, tratamentos médico-espirituais na maca e aplicação de técnicas apométricas em casos mais graves. Em certo momento, chegou a vez de Sílvia ser assistida.

Ela entrou no salão de tratamentos, que estava devidamente preparado com o uso de uma luz azul que trazia paz ao ambiente e música relaxante que favorecia o relaxamento. Ao entrar, ela se deitou em uma maca e, em seguida, o médium Demétrius aproximou-se dela e disse:

— Qual seu nome, minha filha?

— Sílvia.

— Feche seus olhos, Sílvia. Você será assistida por um guardião da luz e do bem.

Passados alguns momentos, o médium incorporou o guardião Marabô, com sua característica voz rouca e forte, que foi logo dizendo:

— Que Jesus a abençoe, menina!

— Amém! – respondeu timidamente a jovem.

— Meu nome é Marabô. Pode me chamar de Sr. Marabô.

— Sim, senhor.

— Cê tá sofrendo, criatura?

— Estou doente, Sr. Marabô. Já há alguns meses tenho uma anemia que está incurável.

— Eu sei disso, sim, senhora. Tô vendo sua aura. Isso acontece com os lixeiros.

— Como assim, lixeiros?

— Gente que carrega lixo.

— Eu não trabalho carregando lixo. Eu sou secretária. O único lixo que eu tiro é o da minha lixeira e da lixeira do médico a quem atendo atualmente.

— Sei. Então você não conhece outro tipo de lixo?

— Como?

— Lixo energético?

— Não, nunca ouvir falar nisso.

— Mas ele existe, e como! Eu vou te contar um caso para você entender, criatura.

Tenho uma amiga que ficou igual *ocê*. Ela falava demais. Tinha tempo para mexericos com a vida de todo mundo. Adorava inventar coisas e depois ver os efeitos. Tanto fez, tanto intrigou, que acabou na gagueira e com um monte de tranqueira espiritual enfiada na garganta.

Gente que fala demais da vida dos outros, que acha defeito em todos e não tem o que fazer a não ser encontrar falha em tudo e em todos, é que nem um lixão onde tudo o que não presta é jogado. É um aterro sanitário das impurezas dos outros.

Toda vez que ela abria a boca para falar mal de alguém, saía da mente dela um braço igual ao daquele bicho do mar chamado polvo. E o braço energético dela buscava lixo na aura de quem ela estava falando mal e o trazia para ela, como se fosse um aspirador despejando tudo sobre a sua cabeça.

Quem a olhasse aqui do astral nem conseguia ver nela uma pessoa, mais parecia um ser carregando dezenas de sacos pendurados que fediam tanto que ninguém aguentava. Era o lixo que ela pegava dos outros com a língua grande que tinha.

A senhorita, por acaso, tem gagueira?

— Graças a Deus não, Sr. Marabô.

— Eu sei. Não tem gagueira, mas tem tranqueira.

— Como assim, tranqueira?

— Tranqueira na língua. Tem dois piercings enfiados na sua língua no períspirito. Isso dá uma coceira na mente para falar mal dos outros. *Ocê* gosta de falar mal dos outros?

— Ah! De vez em quando a gente fala uma coisinha ou outra, né?

— De vez em quando? Quantos empregos a senhorita já mudou só esse ano?

— Seis.

— E por que saiu dos empregos?

— As pessoas — falou ela sem jeito —, o senhor sabe, né?

— Sei. Tenho aqui uma ficha montada por quem muito a conhece do lado de cá.

Vou resumir. Foram seis empregos como secretária. No primeiro, jogou a mulher do vereador contra o melhor amigo dele. No segundo, inventou que o patrão tinha um caso com a secretária da médica vizinha. No terceiro, fez um colega perder um emprego porque ficou com inveja da sua promoção. No quarto, você simplesmente falsificou uma assinatura para incriminar uma colega. E, no sexto, você perturbou tanto a colega de trabalho que ela pediu demissão. Fez tudo isso com fofoca, falação e mentirada. E a senhorita ainda me diz que fala apenas uma coisinha?

— Como o senhor sabe de tudo isso? — perguntou, muito constrangida e com voz embargada.

— Eu sou só um espírito, menina. Não sou eu quem sabe, é quem a acompanha.

— E quem me acompanha?

— Agora você não vai saber disso, não. O que você precisa urgente é de ajuda. Quer acabar com essa anemia?

— Quero, pois não suporto mais sofrer com isso. Estou com muito medo.

— Então trava a sua língua, criatura. Você está com seus chacras completamente infeccionados, além de ter esses aparelhos na língua. Sua anemia é apenas um reflexo do lixo que anda circulando na estrutura fluídica perispiritual do seu perispírito ou, para você entender melhor, em sua alma.

Feche seus olhos agora que eu vou tratar de você.

O tratamento foi realizado com êxito. Além do asseio energético, foram retirados aparelhos de alta tecnologia que emitiam frequências de hipnose e que a mantinham conectada às esferas inferiores. O guardião explicou que a tarefa continuaria à noite e que ela fosse para casa, fizesse a oração do Pai Nosso ao se deitar e ficasse confiante.

Dois guardas da equipe espiritual foram destacados para vigiar sua saída do corpo físico, em emancipação durante o sono.

Encerradas as atividades da noite no plano físico, todos os colaboradores foram para suas casas se prepararem para o devido descanso.

Já passavam de duas horas da madrugada quando Sílvia foi trazida até às dependências do Hospital Esperança para receber o atendimento. Dessa vez, sua apresentação estava diferente. Embora ainda apresentasse algumas partes da pele de seu perispírito com a cor esverdeada e em forma de gomos, houve uma nítida melhora no aspecto geral. O responsável pelo atendimento dela era o doutor Fernando, que já a aguardava na sala cirúrgica. Com uma habilidade ímpar, ele retirou os dois piercings que estavam na língua perispiritual da moça. Eram ativadores, pequenos aparelhos disparadores de ondas que atuavam sobre o chacra laríngeo, desorganizando os pensamentos e todo o seu potencial de expressão.

Logo após a cirurgia ela sentiu uma dormência na língua e na garganta que a impediu de falar. Apesar de acordada, mostrava-se confusa e com os pensamentos embaralhados. Após mais algumas aplicações energéticas e passados mais de quinze minutos, ela já estava melhor e conseguindo se manifestar.

— Sente-se melhor, Sílvia? — perguntou o médico.

— Sim, estou calma e sinto uma tranquilidade mental como nunca senti.

— É o efeito da retirada dos aparelhos que a perturbavam.

— Como gostaria de me sentir assim o tempo todo!

— Você terá um alívio marcante e seus caminhos serão outros daqui para frente. Enfrentará alguns desafios novos, mas terá mais sossego interior.

— Qual o nome do senhor?

— Fernando.

— Por que estou neste lugar? Quem está pagando minha internação?

— Quem está responsável por você aqui, no Hospital Esperança, é a sua mãe.

— Minha mãe já morreu, doutor!

— Eu sei, minha filha. Os chamados mortos vêm para lugares como esse, onde nos encontramos com muita facilidade para trabalhar e aprender.

— Quer dizer que eu também morri? É isso que o senhor quer me dizer?

— Não, Sílvia. Você está fora do corpo e já esteve aqui várias vezes, embora não se recorde.

— Fora do corpo? Como é isso?

— Neste momento seu corpo físico está dormindo na sua casa, deitado e recobrando as energias e a sua alma, isto é, você, está aqui.

— Que medo disso tudo, doutor. Quem fez isso comigo? Acho que não consigo compreender nada disso, não. Se minha mãe está aqui, eu posso falar com ela?

— Ela está vindo para cá nesse instante. Sua mãe, dona Laura, é um doce de mulher, uma colaboradora das nossas atividades, e foi ela quem solicitou a sua cirurgia.

— Afinal, doutor, o que eu tenho?

— Sua mãe vai explicar melhor. Acalme-se! Não há motivo para inquietação.

Passados alguns instantes, dona Laura chegou. Era uma mulher com semblante leve e com uma alegria natural estampada no rosto. Logo que entrou saudou a filha:

— Filha do coração, que Maria Santíssima a proteja!

— Mamãe! — manifestou-se a jovem com muita alegria e vivacidade, abraçando a mãe.

— Filha, estou aqui para acompanhá-la.

— Mãe, o que está acontecendo aqui? A senhora não morreu? Isso é um sonho, não é?

— Não, Sílvia. Não é um sonho. É a mais pura realidade. Estamos juntas. Eu estou viva fora do corpo, no plano espiritual; e você, que dorme no plano físico, se desdobra e vem encontrar comigo.

— Como pode isso, mãe? Que fizeram para que isso acontecesse?

— Isso acontece sempre, minha filha. Ninguém fez nada. É a lei natural da vida. Nós dormimos e nos afastamos da vida material, continuando nossa vida de relação.

— E por que a senhora nunca me apareceu? Faz tantos anos que partiu!

— Já apareci, mas você não guardou lembranças do nosso encontro. Hoje tudo vai ser diferente. Você se lembrará de boa parte da nossa conversa. Sua vontade de procurar ajuda foi um passo fundamental para uma nova vida, minha filha. Quando regressar ao seu corpo físico você sentirá uma profunda necessidade de mudança.

— Estou muito cansada dessa vida, minha mãe.

— Eu sei disso, filha. Mas ninguém pode pagar pela sua insatisfação. As mentiras e calúnias que fez tem prejudicado muita gente e não a aproxima da felicidade. Sua anemia é grave e você está sendo chamada a uma tomada definitiva de posição.

— Que vergonha, mãe! Nem sei por que faço isso! Estou me sentindo péssima, muito arrependida. No entanto, não consigo parar. Emocionalmente eu me alimento de falar da vida dos outros.

— Tudo será diferente a partir de hoje, filha. A dor educa!

— Que bom ter encontrado a senhora! Sinto tanto a sua falta — e abraçou a mãe com muito carinho, chorando ao ponto de soluçar sem conseguir falar mais nada.

— Aquiete-se no meu abraço e me escute, filha. Preste bem atenção para que, ao acordar, você se lembre de minhas palavras.

Por intercessão da bondade divina consegui ampará-la. Sua situação é de risco de morte com essa anemia crônica. A interferência dos amigos espirituais veio para impedir que isso aconteça.

A energia da mentira é um arrastão espiritual muito forte, com origem nas falanges das sombras sobre o planeta. Além disso, pessoas prejudicadas pela sua palavra infeliz agregaram ao seu quadro espiritual o uso de magia negra. Existe muito ódio e opressão sobre você.

Não há de quem se queixar. Você adotou a postura de alimentar a maledicência atraindo lixo e perdição para sua vida. Sua infelicidade não é de responsabilidade de ninguém, a não ser de você mesma.

Sua anemia representa uma carência emocional de estima pessoal. Seu aprendizado está em aprender a gostar de você. Sua compulsiva necessidade de desmerecer e diminuir os outros são o resultado de não se querer bem.

A essência do autoamor é o sangue da alma — é o sistema imunológico que pode protegê-la do lixo alheio e manter asseada a sua própria mente. Sua vida não será melhor enquanto mantiver satisfação em difamar. Você é a sua maior inimiga, portanto, não acuse ninguém. Agora descanse e pense no amor. No amor que vai alimentá-la daqui em diante.

A assistência dada à Silvia não poderia ter tido melhor alcance. Ao acordar, sentiu-se renovada e, ao longo da sua caminhada, buscou desenvolver o comportamento que lhe foi orientado. Mudou seus hábitos, tornou-se dedicada ao centro espírita que a ajudou e encaminhou para novas conquistas.

Pode parecer um acontecimento raro verificar que um encontro noturno alterou tanto a vida de Sílvia, entretanto, não se trata apenas de um encontro, e sim de um processo no qual aquele contato com a mãe, na hora certa e mais promissora, trouxe excelentes frutos.

Naquele momento a jovem teve um despertamento fora do corpo e seus potenciais foram acionados. Que seria do espírito se não tivesse a oportunidade de resgatar suas forças e talentos? Cada noite fora da matéria é um reavivamento para a alma. Não será exagero dizer que as mais difíceis e essenciais decisões da jornada evolutiva são tomadas fora do corpo, enquanto o espírito livre tem maior nível de percepção de suas reais necessidades. Vale a pena relembrar uma importante referência do codificador a esse respeito em outra parte da questão 402 de *O livro dos espíritos*:

> "Como podemos julgar da liberdade do Espírito durante o sono?
>
> Pelos sonhos. Quando o corpo repousa, acredita-o, tem o Espírito mais faculdades do que no

> estado de vigília. Lembra-se do passado e algumas vezes prevê o futuro. Adquire maior potencialidade e pode pôr-se em comunicação com os demais Espíritos, quer deste mundo, quer do outro. Dizes frequentemente: Tive um sonho extravagante, um sonho horrível, mas absolutamente inverossímil. Enganas-te. É amiúde uma recordação dos lugares e das coisas que viste ou que verás em outra existência ou em outra ocasião. Estando entorpecido o corpo, o Espírito trata de quebrar seus grilhões e de investigar no passado ou no futuro."

Ao ouvir a mãe falar com tanta amorosidade, Sílvia literalmente enxergou o seu futuro e viu que aquela doença a levaria à morte. Ela viu esse futuro nas delicadas engrenagens da vida mental. Ao recobrar a lucidez na matéria, foi tomada de uma força poderosa da sua vontade. Ela não sabia explicar a necessidade de mudar o rumo da sua vida, mas conseguiu entusiasmar-se profundamente com a ideia de ser alguém melhor e descobriu o caminho da sua própria libertação pela primeira vez na vida. Todos os problemas por ela enfrentados na convivência humana, tais como perda de emprego, doença e atritos desgastantes, não foram suficientes para motivar uma transformação. O contato amoroso com a mãe fora do corpo e o medo da morte em futuro próximo se transformaram em lapidadores do seu aprimoramento.

Foi uma bênção perceber que mais uma alma havia sido iluminada pelas iniciativas libertadoras durante a emancipação pelo sono.

8
RECRUTANDO TRABALHADORES PARA O HOSPITAL ESPERANÇA

O Hospital Esperança passou a experimentar um fenômeno social sem precedentes na última década.

As informações sobre ele, contidas nos livros mediúnicos, despertaram grande curiosidade. Não será exagero dizer que, na mente de alguns, a nossa casa de amor se tornou um novo Nosso Lar, cidade astral relatada por André Luiz na obra de mesmo nome. O hospital passou a ser um ambiente espiritual de referência, desejado por muitos espíritas para se abrigar após o desencarne.

O grupo de trabalho ligado a Eurípedes Barsanulfo e a outros nomes afeiçoados ao coração da comunidade espírita passou a ser alvo de pedidos que chegavam por meio de fervorosas orações para receber amparo, conhecer o hospital ou ser recebido nele após a morte física.

O interesse por nossa obra de amparo cresceu tanto e gerou uma procura tão grande que chegamos ao ponto de todas as noites organizarmos um setor específico nos portais de entrada para esclarecimentos e palestras, para apresentar detalhes que satisfizessem a curiosidade da multidão. Porém, não foi o bastante, porque eles não queriam apenas conhecer mas ajudar e muitos se ofereciam ao serviço do bem. Então, além da singela tarefa de informações, tivemos de criar um setor de recrutamento.

As atividades nesse setor cresceram surpreendentemente e criamos treinamentos setorizados numa escola de pequeno porte que se instalou nos andares do subsolo, onde a densidade de energias se aproximava muito dos serviços que poderiam ser executados pelos encarnados emancipados do corpo físico enquanto dormiam.

As atividades de asseio dos atendidos, o transporte, a doação de energias, a faxina dos ambientes, os plantões de informação etc, podiam contar com a colaboração voluntária, desde que apresentassem pré-requisitos de preparo e orientação. Dona Modesta treinou vinte atendentes para realizar esse serviço de treinamento que contava com amplo número de interessados para seleção ao trabalho todas as noites.

Foram escolhidos entrevistadores com o perfil de psicólogos da alma, que tinham formalidade e neutralidade nas abordagens e também clareza e determinação para apresentar as exigências ao trabalho, abstraindo o sentimentalismo e a visão romântica de mundo espiritual que tomava conta da mente de muitos que se ofereciam ao serviço. Esse cuidado surgiu por conta de outras ocasiões nas quais cooperadores emancipados pelo sono deram mais trabalho do que ajudaram nas atividades do hospital. O objetivo era uma seleção desprovida de ilusões, particularmente de quem tem informações espíritas e espiritualistas a respeito do que seja servir e amar.

Certa noite nós acompanhamos algumas dessas ocorrências. Na sala de recrutamento, a jovem Cenira, auxiliar direta nos compromissos do doutor Fernando, foi destacada por ele para uma avaliação sobre doadores de ectoplasma, para serviços que estavam sob sua responsabilidade nas câmaras de revitalização do subsolo.

A jovem Cenira, também médica e com grande experiência de trabalho nas câmaras, dialogava com Ernesto em uma sala que parecia os ambientes de atendimento fraterno.

— Boa noite, meu irmão. Meu nome é Cenira e vou entrevistá-lo para o serviço de cooperação na doação de energias.

— Boa noite, Cenira. Tenho boa experiência doutrinária com essa atividade e amo o Hospital Esperança.

— Por que o senhor tem esse amor para com a nossa casa?

— Acredito que todo espírita imagine ser esse um lugar ideal para ficar após o desencarne.

— O que é ideal no seu conceito?

— Ter um lugar para trabalhar e que esteja bem distante das regiões inferiores.

— O senhor consegue se lembrar de ter participado da apresentação audiovisual sobre o hospital, não é mesmo?

— Por duas vezes. Encantei-me com a organização.

— Duas vezes é o que o senhor se lembra, mas foram mais vezes.

— Mesmo? Nem me lembrava!

— É natural esse esquecimento das noites anteriores, mas o senhor se recorda dos esclarecimentos oferecidos no vídeo sobre os serviços no subsolo?

— Sim, foi o que mais me chamou a atenção.

— Sente-se preparado para uma tarefa desse porte?

— Acredito que sim. Sou palestrante espírita na Bahia há mais de vinte anos. Tenho três reuniões semanais no centro espírita e adoro os trabalhos de distribuição da sopa.

— E qual sua vivência com a doação de energias?

— Sou passista em uma dessas reuniões e já faço essa tarefa há cinco anos.

— Muito bom! Em sua vivência com os trabalhos do passe já sentiu alguma vez uma defasagem de energias em função das necessidades da pessoa na qual aplicava o passe?

— Senti sim, várias vezes.

— E em algumas dessas vezes o senhor se sentiu mal?

— Em duas ou três dessas experiências eu me senti muito mal. Parecia que a vida ia acabar. Fiquei mentalmente atordoado uns três dias e sentindo uma bambeza incontrolável. Cheguei a consultar um médico que me orientou exames detalhados de pressão arterial e laboratorial para avaliar possibilidade de vermes.

— E a que conclusão o senhor chegou sobre o que aconteceu?

— Fui informado por amigos no centro espírita que havia um obsessor dessa pessoa querendo me prejudicar pela ajuda que prestei a ela.

— E as outras duas vezes o que aconteceu?

— A mesma coisa. Na terceira vez foi tão intenso que tive de abandonar a cabine de passes.

— Eu tenho aqui em minha mesa o relato de seu protetor espiritual a respeito desses episódios.

— Mesmo? Sobre os três casos?

— Sobre os três casos e outros mais.

— Eu poderia saber o que ele registrou?

— Claro que sim. O senhor é fumante, não é?

— Sou, sim. Infelizmente ainda não consegui vencer isso. Mas no dia da tarefa do passe, evito e não fumo nem um cigarro.

— Seu mentor registrou aqui que em três ocasiões o senhor resolveu abandonar esse cuidado e fumou o dia todo.

— É verdade. Mas foram só essas três vezes que isso aconteceu.

— E, coincidentemente, foram as três vezes em que o senhor se sentiu mal?

— Sim.

— O senhor acha justo atribuir à doação energética e à obsessão o mal-estar que sentiu? — perguntou a médica que realizava a entrevista em um tom bem formal.

— É, a senhora tem razão no que está querendo me dizer — respondeu, meio sem graça.

— E o que o senhor acha que eu estou querendo lhe dizer?

— Que eu não sirvo para o trabalho de doação porque fumo.

— O senhor está enganado. Toda colaboração realizada em nome do amor é muito bem-vinda. Entretanto, os pacientes que vão receber uma doação energética não podem ser afetados por uma energia que lhes agrave o quadro tóxico em que já se encontram.

Em verdade, o que quero lhe esclarecer é que em condições como a sua, a colaboração terá de ser algo com data específica. O senhor poderá vir fazer as doações nas noites que coincidem com seu preparo para o dia do passe. Só existe um problema a transpor.

— Qual?

— O senhor só fuma no dia seguinte à tarefa ou mantém o uso do cigarro após a reunião?

— Assim que chego do centro eu estou com uma ansiedade tão grande que, antes de dormir, fumo quase o maço todo. Do contrário, nem durmo.

— Como fazer então para aceitar sua colaboração nos serviços? Que noite poderemos contar com o senhor sem o cigarro por, pelo menos, 24 horas?

— Eu não achei que as coisas aqui na vida espiritual tivessem o mesmo rigor da matéria.

— E como o senhor se sente por ser esta a realidade do plano espiritual?

— Confesso que estou um pouco decepcionado.

— Não seja por isso. O senhor quer mesmo trabalhar?

— Claro, estou totalmente disposto.

— Temos um serviço que não exigirá do senhor tanto esforço. Nosso setor de faxina nas enfermarias está repleto de vagas ou, se o senhor decidir, pode simplesmente evitar o fumo após a reunião de passe e adiar o consumo do cigarro para o dia seguinte. Podemos aceitá-lo nessas condições para que no futuro avance em outras melhorias no assunto.

— Eu, palestrante de tantos anos, fazer faxina em enfermaria?

— Senhor Ernesto, tem 27 anos que desencarnei. Sou médica assistente nesse hospital e estou há quatro anos trabalhando com o doutor Fernando e não sou espírita. Adoro ser útil e tenho dois plantões semanais com a pá e a vassoura nas mãos porque tem faltado colaboradores nesse setor aqui no subsolo. O lugar é horripilante e muitos que começaram a servir não suportaram o fedor das matérias que saem de todos os poros dos assistidos, outros não aguentaram os gemidos angustiantes.

Oferecer-lhe agora a participação em serviços de doação energética será colocar sobre seus ombros um peso maior do que o senhor pode dar conta. Comece por outros caminhos e a vida organizará melhor a sua caminhada.

O senhor gosta de alguma das entidades que estavam nos livros mediúnicos que lhe revelaram o hospital?

— Amo dona Modesta.

— Onde o senhor acha que ela passa a maior parte do seu tempo nesse hospital?

— Aqui no subsolo?

— Exatamente.

— E o senhor gostaria de cooperar com a equipe dela?

— Adoraria.

— Comece então pela faxina. O senhor vai vê-la muitas vezes recolhendo dejetos no chão e agradecendo a

Deus por poder transformar aquela matéria em remédio. A faxina em nossa casa de amor é serviço elevado e libertador, porque nos ensina a entender o valor daquilo que sobra do que é descartado.

Vou encaminhá-lo de retorno ao portal de entrada. Leve sua autorização de saída e pense no assunto.

Esse era um quadro frequente. Almas interessadas em servir sem apresentar as qualidades para o serviço que querem. Na seara do Cristo somos comparados aos servidores desejosos de serem úteis, mas nem sempre aptos a realizar o que desejam. O Cristo nos aproveita como estamos, mas isso não dispensa qualidades e condições essenciais para tarefas que exigem mais preparo e consciência.

Mais adiante, em outra parte do recrutamento, encontramos a entrevistadora Flávia, em diálogo com o médium Marcos.

— Boa noite, senhor Marcos, meu nome é Flávia e sou responsável pelos plantões nos serviços de asseio energético.

— Boa noite, dona Flávia. É exatamente onde quero servir.

— O senhor é médium?

— Sim. Tenho mais de trinta anos de vivências mediúnicas.

— E por qual motivo quer trabalhar no serviço de asseio?

— Sou muito doente, dona Flávia, e aprendi com o espiritismo que só mesmo trabalhando por quem carrega as mesmas lutas é que estaremosnos candidatando à libertação dessas dores.

— Quais são as doenças que o senhor tem?

— Infecções contínuas nas vias nasais, urinárias e agora, de um ano para cá, tenho uma terrível hérnia na coluna lombar.

— O senhor é uma personalidade que tem muito medo?

— Tento enfrentar meus medos.

— O senhor não me respondeu.

— Sim, tenho muito medo.

— O senhor assistiu ao audiovisual sobre as câmaras de serviço no subsolo?

— Assisti e amei.

— O que o senhor amou?

— Poder abraçar aqueles irmãozinhos tão necessitados, tão sofridos e doentes.

— O senhor ama os espíritos, senhor Marcos?

— Eu amo os espíritos, dona Flávia, e trinta anos de conivência com eles me despertou para o valor do amor aos sofredores. Quero muito abrandar a dor desses nossos irmãos.

— E o senhor ama pessoas também, senhor Marcos?

— Claro que sim! Amo meus irmãos de humanidade!

— E quantos desses irmãos de humanidade o senhor tem abraçado?

— Quantos passem pelo meu caminho.

— E quantos são? O senhor tem tantos amigos e conhecidos assim?

— Não. Não tenho.

— Por que não?

— O mundo não está para amigos, não é, dona Flávia? Está muito difícil fazer amizades.

— Qual o problema das pessoas?

— Elas estão muito materialistas. Todos os amigos que eu tinha só pensavam em gastar, viver e usufruir a vida material.

— E o que o senhor faz diferente deles?

— Eu oro muito, mantenho distância desse mundo de perdição e evito essa vida mundana.

— E como se sente em relação ao seu esforço?

— Estou em uma profunda luta com minhas tendências.

— O senhor acha mesmo que vai vencê-las se afastando das pessoas?

— Foi a minha opção. Por enquanto, não tenho alternativa.

— Com sua fala, senhor Marcos, o senhor me passa a ideia de que gosta mais de espíritos do que de gente. Afinal, quem o senhor tem abraçado no plano físico?

— É, a senhora não deixa de ter razão. Não deixa de ser verdade o fato de que amo mais aos espíritos pois não tenho abraçado ninguém.

— O senhor talvez não tenha pensado nisso, mas aqueles espíritos que o senhor viu no vídeo e a quem quer prestar auxílio são pessoas da vida mundana que arrumaram todo tipo de problema. O que o senhor teria para dizer a eles enquanto faz o asseio dessas criaturas tão sofridas?

— Eu lhes recomendaria o que eu faço. Oração, vigilância e afastamento do mal.

— Senhor Marcos, sua receita é muito boa, mas está incompleta. A prova disso são suas doenças e a vida que o senhor está levando.

Quer abraçar espíritos, servir aos desencarnados e, no entanto, não tem ninguém na vida física para dar um afago. Seu coração é muito generoso, mas seus conflitos o estão aprisionando na solidão, na amargura e na dor da orfandade de amigos.

Pelos dados fornecidos em sua ficha, suas doenças são resultantes da ausência da energia do autoamor em sua conduta e do afeto na convivência. Sua imunidade energética está baixíssima e sua falta de vitalidade muito acentuada.

Nada impede sua colaboração em nossas atividades conquanto seja muito inadequado encaminhá-lo imediatamente aos serviços de asseio, nos quais o senhor perderá uma quantidade tão grande de energia que poderá agravar ainda mais sua condição física. O que o senhor me diz?

— Eu estou confuso e para ser sincero...

— Por favor, seja!

— Eu não achei que ao oferecer serviços de amor eles fossem recusados. Confesso que estou decepcionado.

— Decepcionado?

— Sim, eu não consigo entender como um hospital fundado por Eurípedes Barsanulfo pode recusar uma colaboração feita com tanto amor por alguém que tem tanto tempo de trabalho no Espiritismo.

— Não estamos recusando, talvez adiando.

— Adiando?

— Sim, por que não?

— Só se for adiando por várias vidas. Quando poderei me considerar pronto para um serviço tão singelo? Estou me sentindo desvalorizado.

— Eu o compreendo, senhor Marcos, e acolho seu sentimento de desvalor. Porém, não respondemos por ele. É algo que pertence às suas necessidades de aprimoramento. Nossa recomendação não é porque o senhor não tem valor, mas porque não tem as defesas necessárias.

— Defesas? Preciso de algo mais do que amor para me defender?

— Senhor Marcos, um homem com as doenças que o senhor apresenta poderá ter uma piora considerável em seu quadro caso entre em contato com a natureza mórbida dos doentes que necessitam da doação energética. Comece por algo mais ameno, desenvolva mais afeto nos seus relacionamentos terrenos, porque com os doentes que o senhor poderia se deparar aqui, não seria imprevisível que o irmão contraísse uma pesada depressão.

— Não consigo entender como a força do amor não poderia diluir essas sombras.

— O senhor me obriga, para seu próprio bem, a ser mais clara. Esse amor que o senhor possui está muito corrompido pela ilusão. O trato com os doentes dessa ala exige um amor mais ativo e intenso do que pode imaginar. São necessárias muita garra, capacidade de enfrentamento, força, coragem e voz ativa para lidar com esses enfermos. Para receberem asseio e medicação, muitos deles são algemados, amordaçados e vendados. Do contrário, propositadamente, cospem vermes ou energizam negativamente os assistentes com o olhar, podendo mesmo cegá-los por alguns minutos.

O amor para com esses corações exige um enorme gosto pelo ser humano, uma sensibilidade muito apurada de lidar com diferentes e suas loucas diferenças.

Para isso, quando a pessoa apresenta suas qualidades morais dessa ordem, ainda necessitam passar por três cursos fundamentais sobre como usar o poder da energia mental para neutralizar a força do magnetismo mórbido; como manipular os chacras; como realizar o rito da gratidão com as matérias tóxicas expelidas pelos doentes e como acondicioná-las quimicamente nos recipientes de laboratório.

Minha recomendação ao seu coração bondoso é que comece a cuidar mais das pessoas no mundo físico, aquelas que o senhor pode abraçar e sentir. Evite esse afastamento estéril e que pode ser uma fuga de suas próprias necessidades de ajustamento com seus sentimentos sombrios. Comece por uma ação social em favor do semelhante. Tome contato com a dor alheia, exercite sua afetividade com os encarnados, aprenda a amá-los nas suas diferenças e suporte os diferentes.

E, para concluir nossa entrevista, o que o senhor me diz sobre tais recomendações?

— Trinta anos de mediunidade para receber uma porta na cara... Se aqui na nossa pátria de origem as coisas são assim, sinceramente, passo a ter medo de morrer nesse momento. A senhora matou minhas esperanças em relação a vir para cá.

— Senhor Marcos, se as suas esperanças são passíveis de morte causada por tão necessária desilusão sinto-me realizada em poder colaborar com sua mudança. Sua fala traduz grandes ilusões que são típicas de muitos que se acreditam prontos ou em melhores condições para o serviço do Cristo. Estamos aptos a compreendê-lo na sua condição, mas é nosso dever não colaborar no prosseguimento desse quadro de enfermidade em que se encontra.

Providenciarei iniciativas com nossos colaboradores para que o senhor se lembre da nossa conversa ao voltar para o corpo e que possa lhe auxiliar a encontrar o rumo dos aprendizados que necessita. Jesus o inspire em sua busca. Se o senhor perder suas esperanças em ser útil desse lado da vida e conseguir melhorar sua condição de trabalho com seus irmãos, no caminho da reencarnação, nossa conversa terá alcançado objetivos muito nobres. Minha função não é atender aos gostos pessoais, e sim educar.

O senhor estará sendo observado e periodicamente avaliado sobre suas condições e necessidades. Não estamos desistindo de oferecer-lhe trabalho, apenas adiamos esse momento. Que Jesus o fortaleça na busca de sua cura, meu irmão.

O homem saiu magoado. Flávia fez um pequeno sinal e alguns trabalhadores já entenderam do que se tratava, tomando as iniciativas para o despertamento dele com um saldo positivo nas recordações.

Na saída da sala ele foi acompanhado por um colaborador que o encaminharia até o lado de fora das dependências do hospital passando por alguns corredores no mesmo subsolo. Antes de se despedirem, o acompanhante disse:

— Faz parte de minha tarefa acompanhá-lo até aqui e também sugerir sua participação naquele trabalho ali — falou, apontando com o dedo indicador.

— Do que se trata?

— Vamos chegar mais perto que o senhor mesmo verá.

Depois de breve caminhada, chegaram perto de uma enorme fila de espíritos, diante de vários caldeirões.

— O que é isso? Uma distribuição de alimento aqui na espiritualidade?

— Sim, e uma sopa fraterna, senhor Marcos.

— Sopa? Para quê?

— Para quê serve uma sopa, senhor Marcos?

— Para alimentar.

— Pois então. Essa é uma fila de famintos e desorientados. Espíritos que vagam no umbral e nas regiões sombrias da erraticidade. Eles vêm aqui todas as noites. A sopa é servida das dezoito horas até a madrugada. Sua composição, além de nutrientes, tem também medicações libertadoras para recuperação desses corações sofridos.

— Todos desencarnados?

— Alguns encarnados desdobrados pelo sono costumam vir para colaborar e também ingerem o bendito nutriente.

— Eu jamais poderia imaginar algo assim aqui no mundo espiritual.

— É meu dever sempre apresentar essa tarefa como um bom começo para todos aqueles que se oferecem ao serviço no bem aqui no Hospital Esperança. O senhor quer trabalhar nessa frente de serviço?

— Agradeço seu convite, mas nem no plano físico eu faço isso, quanto mais aqui.

— Eu seria inconveniente em saber o motivo pelo qual não participa de atividades com essa?

— Eu sou contra ficar facilitando a vida de gente pobre. O que as pessoas estão precisando é de educação.

— Entendo, senhor Marcos. Todos eles vão receber educação, mas neste momento estão loucos de fome.

Assim que o acompanhante terminou a frase, Marcos voltou rápida e subitamente para o corpo físico por indução de seu benfeitor espiritual. Acompanharia sem emancipar-se o repouso de seu corpo. Seu espírito adormeceu igualmente.

Após essas atividades, há quem retorne ao corpo físico carregando um sentimento estranho. As orientações oferecidas com clareza nos serviços de recrutamento funcionam como um potente choque de realidade. Ao acordarem, falarão em más lembranças e farão associações com visitações a lugares sombrios onde ajudaram muitas pessoas e participaram de importantes tarefas. A mente, entorpecida pelas alucinações do ego, vai decodificar as mensagens da noite ofuscando a verdade e mantendo as velhas ilusões incentivadas inconscientemente pelo contato com a matéria física.

Que diria Marcos se soubesse que muitos daqueles que estavam na fila da sopa eram os mesmos espíritos a que ele socorria nas atividades mediúnicas e dizia amar?

O trabalho fora do corpo durante a noite tem pré-requisitos, e imaginar que basta boa vontade e desejo de ser útil é alimentar a ingenuidade. Há uma noção de amor muito limitada que alimenta a mente humana de ilusões.

Em geral, a expressiva maioria das almas emancipadas costuma dar trabalho e, quando não dão trabalho, já estão ajudando muito e construindo a esperança de se tornar um colaborador efetivo no futuro.

Prestar esse tipo de informação é necessário para que corpos encarnados compreendam que lidar com os interesses de desencarnados em condições de dor e desorientação exige preparo moral. Há quem imagine servir às fileiras de trabalho no astral, sendo que não consegue manter assiduidade, disciplina e louvor com a tarefa pessoal no mundo físico.

Quando em emancipação pelo sono, as imperfeições e as qualidades conquistadas ganham proporções reais e se mostram sem os ingredientes psíquicos das máscaras. O despreparo de Ernesto e a rebeldia de Marcos não são tão perceptíveis quando estão lúcidos no corpo. São dois companheiros muito dedicados e respeitados nas suas organizações espíritas. No entanto, ninguém lhes conhece as lutas com tanta intimidade. As entrevistadoras Cenira e Flávia, em apenas alguns minutos de contato com eles, fizeram uma análise da realidade mais profunda de cada um sem lhes obrigar a nada. Nas entrevistas eles apenas foram quem realmente são, sem subterfúgios e sem as aparências que o corpo físico e a estrutura psíquica submetida às injunções da matéria praticamente lhes obriga a adotar para se proteger de muitas questões ainda pendentes na alma.

A obra de Kardec apresenta uma importante questão sobre o tema. Vejamos em *O livro dos espíritos*, questão 276:

> "Aquele que foi grande na Terra e que, como Espírito, vem a achar-se entre os de ordem inferior, experimenta com isso alguma humilhação?
>
> Às vezes bem grande, mormente se era orgulhoso e invejoso."

No plano físico, Ernesto é considerado um bom expositor e passista esforçado e Marcos tem uma reputação de pessoa muito determinada. Há muita atitude de esforço escondendo a opressão e há muita determinação ofuscando a rebeldia. São as velhas lutas de nossas almas que adotam diversas fantasias morais com as quais estamos acostumados a nos justificar.

A cada contato educativo nessas entrevistas são devolvidos à vida física com fortes abalos íntimos que poderão auxiliar muito na busca de crescimento e avanço espiritual.

A libertação do espírito durante a noite desnuda as mais íntimas verdades sobre o ser. Sair a cada noite do corpo é o mesmo que se olhar no espelho da realidade para não nos esquecermos de nossas necessidades mais profundas.

As atividades noturnas que envolvem socorro, orientação e auxílio direto aos que se encontram em doença, perturbação e dor exige muito de todos os envolvidos.

As entrevistas foram concluídas, mas Ernesto e Marcos foram ao serviço de recrutamento novamente, por várias noites seguidas, oferecer seus préstimos com total esquecimento de que já haviam passado por lá. Para alguns desses casos são permitidos assistirem ao vídeo de suas próprias entrevistas, o que lhes causam as mais estranhas reações.

Depois daquela breve passagem nos serviços dos entrevistadores, acompanhamos o doutor Fernando, que se dirigiu para as câmaras de revitalização no subsolo, onde já nos encontrávamos.

9
LIMPEZA ENERGÉTICA DOS ENCARNADOS

Pelo menos 90% desse andar do subsolo, onde eram feitas as entrevistas, destinava-se a serviços com encarnados. Mais de 70.000 pacientes, por noite, recebiam um atendimento de banhos energéticos e outras medidas de amparo.

Tal como ocorre nos hospitais terrenos, existe um posto central onde toda a parte de recepção e encaminhamento é feito com sincronia para administrar o intenso fluxo de espíritos com hora marcada para atendimento. São 2.000 leitos e uma média de 35 atendidos para cada equipe por noite, no período das nove horas da noite até às cinco da manhã. Cada procedimento é realizado em dez ou quinze minutos, no máximo. Quando é necessária alguma outra iniciativa, tal como rastreamento de aparelhos parasitas, essa estimativa é um pouco maior mas muito raramente ultrapassa os 25 minutos.

A equipe de trabalhadores usa jaleco branco e se constitui de médicos, enfermeiros, faxineiros, técnicos e outros colaboradores. Os encarnados atendidos trajam jaleco verde claro. Tudo muito organizado, visando o aproveitamento do tempo.

As instalações para os atendimentos contam com armários de material asséptico, instrumental para pequenas cirurgias, aparelhos de rastreamento de implantes e avançado sistema de acondicionamento ecológico de matéria tóxica. O trânsito de médicos, assistentes e pacientes lembra o ambiente de um pronto-socorro muito ativo, com centenas de pessoas trabalhando, mas em completa ordem.

Cada paciente encarnado é atendido por agendamento e sempre com o aval de um protetor espiritual solidamente vinculado ao paciente, exceto os poucos casos de emergência cujos imprevistos não podem ser controlados.

Sem dúvida, esse é o tipo de cooperação nos quais nossos irmãos encarnados e emancipados pelo sono mais podem colaborar. Os serviços de assepsia energética têm uma importância fundamental na prevenção da saúde humana e na extinção de muitas doenças que poderiam se instalar no corpo físico e que são evitadas com as ações a nível dos corpos sutis, como o duplo etérico, o perispírito e o corpo mental inferior. Muitas alergias, infecções, dores musculares, adoecimento psíquico e vários gêneros de doenças recebem tratamento apropriado, algumas vezes definitivo, em muito desses atendimentos. É um dos serviços mais comuns nas organizações espirituais do planeta e expressa a misericórdia celeste agindo em favor das dores humanas em pleno período de transição.

Somente após longos estágios em tarefas desse porte é que muitos trabalhadores encarnados podem se candidatar a serviços mais complexos nas fileiras do submundo. Entretanto, nada impede que, como parte integrante de uma assistência a alguém, esse trabalhador da assepsia energética possa cooperar com algumas incursões a esferas astrais mais próximas ao umbral ou aos abismos, ocasionalmente.

Tudo é muito bem planejado e programado para que possam contar com a participação dos colaboradores encarnados: a hora da saída do corpo físico; o momento certo no qual ele será trazido para as dependências do hospital; o perfil da equipe da qual ele participará; a ala que melhor atende às necessidades de apoio e a natureza do serviço a ser executado, entre outras questões. Após cada atendimento são anotados, em uma ficha virtual, os recursos recebidos e o período em que será recomendado um novo atendimento. Com isso se evita reincidências que se tornariam dispensáveis, caso as limpezas energéticas fossem aplicadas antes do prazo necessário, e facilita a avaliação dos casos que realmente justificam antecipar essa nova ajuda.

É nesse setor do Hospital Esperança que se concentra a maioria dos cooperadores que já haviam passado pelas entrevistas e apresentaram condições de colaborar. Dão plantões semanais em dias alternados ou previamente organizados por seus benfeitores espirituais.

É aqui também, em sala mais reservada e apropriada, que se encontram aproximadamente duzentos leitos destinados a encarnados que estão em coma nos vários hospitais do plano físico. Seus perispíritos, quase completamente desligados da matéria física, são tratados de conformidade com a doença ou o episódio que os levou ao coma.

O serviço é intenso. Esse setor dos banhos e limpezas reflete com fidelidade as tarefas de amparo para a maioria dos encarnados durante a emancipação.

Acompanhando o doutor Fernando para um atendimento encontramos no corredor com as médicas Flávia e Cenira que, após encerrarem os serviços de entrevistas, vieram diretamente dar plantão até às primeiras horas da manhã. Passando por uma das salas, vimos doutor Inácio e dona Aparecida em atividade de socorro e nos juntamos a eles.

Uma moça muito bonita acabava de entrar para ser socorrida. Foi o doutor Inácio quem começou o diálogo.

— Qual seu nome, minha jovem?

— Chamo-me Valéria, e o senhor?

— Sou Inácio Ferreira e vou cuidar do seu caso.

— Doutor Inácio!? O de Uberaba?

— Sim, eu mesmo.

— Mas o senhor está tão diferente que nem o reconheci.

— A morte melhora algumas coisas, minha filha.

— E como! Que alegria estar com o senhor. Eu tenho mesmo pedido muito em oração a sua ajuda.

— Eu sei — falou doutor Inácio, dando uma piscadinha para o protetor espiritual da moça que ali se encontrava, atento e discreto.

— O senhor ouviu meu pedido?

— Digamos que sim, Valéria. Você sabe onde está e o que veio fazer aqui?

— Não, doutor. Estava dormindo, acordei aqui e não conheço nenhum de vocês — falou, passando o olhar pela equipe ali presente.

— O que está acontecendo em sua vida para você estar com tanta mágoa assim?

— Então o senhor sabe?

— De quê?

— Meu noivo, Lucas, me traiu com a pessoa que eu mais confiava. Estávamos com data de casamento marcada, doutor. E aí, tudo aconteceu. Foi muito duro ver o que eu vi — falou, com lágrimas nos olhos —, mas foi melhor assim.

— Imagino a sua dor. Seu coração está muito pesado e você precisa de uma limpeza. Tenha esperança! Faremos um procedimento e você sentirá um grande alívio.

Após rápida conversa, alguns auxiliares aplicaram um sedativo, usando energias que passavam por uma mangueira com um bocal largo na ponta, concentrando uma dose na cabeça dela que a adormeceu instantaneamente, em seu corpo espiritual.

Com operações muito semelhantes ao passe, observou-se que o corpo mental inferior da jovem se deslocou alguns centímetros para cima, como se agora tivéssemos duas Valérias, uma em cima da outra. A de cima, manifestação do seu corpo mental inferior, era mais etérea, lembrava uma imagem holográfica flutuando. A de baixo, o perispírito, era mais densa e com contornos mais nítidos aos nossos olhos.

Quando aquele deslocamento foi feito, imediatamente começou a sair do chacra cardíaco, no perispírito, uma grande quantidade de matéria de cor vermelhada que se parecia com sangue. Era a matéria mental da mágoa se derramando em doses impressionantes. Não é sem razão que a mágoa é como uma ferida no coração.

Dois auxiliares pegaram espátulas e gases e começaram o serviço de assepsia com rigoroso cuidado, depositando toda aquela matéria viscosa em potes apropriados e com rótulos. O cheiro obrigou a todos o uso de máscaras. Não há melhor comparação para aquele cheiro que carne estragada, pois é isso que a mágoa faz com os corpos sutis, ela os deteriora. Cria células espirituais com vida própria que, com o passar do tempo, podem se materializar na corrente sanguínea e construir alguns tipos de câncer mais conhecidos.

Aquele caso de Valéria era típico nos serviços de assepsia: tão jovem, com vinte e poucos anos, e já gravemente adoecida. Enfermidades causadas pela mágoa e pela culpa eram, disparadamente, os casos mais atendidos.

Após a limpeza completa daquela matéria foi feita uma reorganização no ritmo do chacra cardíaco e também no esplênico, o dinamizador dos filtros emocionais. Ele é o chacra que, quando a pessoa é portadora de qualidades morais, por si só realiza essa limpeza e assepsia. Em seguida, aproximou-se dona Bernadete, cooperadora encarnada muito aplicada nos serviços noturnos do hospital, que faria a doação energética para revitalizar a moça. Ela nos cumprimentou e foi colocada em uma cadeira ao lado da maca. Um aparelho foi conectado aos braços da senhora e ligado em Valéria. Automaticamente começou a transfusão. O atendimento completo não passou de alguns minutos.

A partir daquele atendimento a equipe se dividiu. Acompanhando sempre o doutor Fernando, que trouxe com ele a doutora Cenira, fomos atender um caso designado para assistência em regime de urgência, fora dos protocolos da escala.

Chegamos à ala destinada, onde outra jovem de uns 25 anos estava totalmente inconsciente e mostrava hematomas graves no seu corpo espiritual. Estavam na lateral da sua maca dois ajudantes e uma senhora que a acompanhavam. Após os cumprimentos, doutor Fernando fez os mesmos procedimentos de assepsia. A jovem era uma viciada em sexo. Foi retirado um volume excessivo de matéria tóxica do chacra solar e do genésico. Feita a assepsia energética, o doutor Fernando aproximou um pequeno aparelho idêntico aos desfibriladores do mundo físico e aplicou um choque no abdômen da jovem. Ela deu um salto na maca. Era um ativador energético de alta potência que visava acelerar o campo de energia vital do perispírito para aumentar a imunidade na aura. Em seguida, percorreu de cima a baixo o corpo dela com um detector de tecnologias parasitárias, similar aquele detector de metais manual muito utilizado em aeroportos.

Quando o aparelho alcançou a região da cabeça, ela começou a mudar de cor, acusando a presença de algum corpo estranho. Apalpando o couro cabeludo ele encontrou, na região do lobo parietal, localizado na parte superior do cérebro, uma minúscula peça que lembrava muito os percevejos escolares usados para pregar recados em murais, só que menor que uma cabeça de alfinete. A parte fina estava introduzida no cérebro perispiritual e era quase imperceptível a olho nu. Com o uso de uma pinça e de uma lupa, o doutor Fernando puxou o objeto que nos impressionou pelo comprimento. Pelo menos uns 5 centímetros estavam introduzidos para dentro. Após a retirada, ele mesmo explicou:

— É uma tecnologia já conhecida. É um excitante de fantasias sexuais que ativa outras áreas do cérebro ligadas à sexualidade, criando uma desorganização no sistema endócrino do corpo físico. Os hormônios dessa jovem, não só pela idade, mas por conta de uma atuação obsessiva, devem estar em completa ebulição.

Sugiro que registrem a volta para daqui a uma semana. A previsão é delicada, pois ela pode entrar em um quadro depressivo após nossa atuação. A reorganização da saúde mental e física tem um preço que pode implicar em tirar um problema e surgir outro. Ela vai precisar de um acompanhamento mais sistemático durante um mês.

Foi a senhora quem a trouxe? — indagou doutor Fernando àquela acompanhante que até então estava em absoluto silêncio e em estado de oração.

— Sim, fui eu, doutor. Agradeço seu carinho com minha neta.

— A senhora tem algum conhecido aqui no hospital?

— Tenho sim, doutor Fernando, e já vou imediatamente pedir a intercessão deles para colocarem minha neta no regime de escala para o atendimento.

— Pelo que vejo, ela não faz uso de drogas, certo?

— Graças a Deus, não.

— Será mais fácil assim. Nos casos como o de Valéria, quando se usa drogas pesadas, ficam bem mais complexos. Estou fazendo as anotações em sua ficha. A senhora, por favor, a encaminhe para que os assistentes tomem as devidas providências. O risco de uma depressão é iminente. Que Deus proteja seus caminhos e os de sua neta — despediu-se doutor Fernando de forma muito carinhosa.

Obedecendo a um planejamento de trabalho previamente estipulado, os doutores Fernando e Cenira encaminharam-se para outro leito. Chegando perto de um senhor que estava muito abatido, doutor Fernando lhe perguntou:

— Como vai, José?

— Bem, doutor. Estou aí dando mais trabalho para vocês. Hoje foi muito difícil me tirar de lá, não é?

— É uma alegria poder tratá-lo, meu caro. A bondade divina sempre age nos permitindo o bem. Não fique preocupado com as dificuldades que enfrentamos para trazê-lo até aqui. Como vão as dores?

— A barriga dói muito ainda. Os médicos fazem exames e mais exames e nada. Está tudo muito inchado no corpo físico.

— Era esperado que assim acontecesse. Lembra-se que lhe falei a respeito no último encontro?

— Não consigo me lembrar, mas o senhor acha que essas coisas vão descer para o meu corpo?

— Estamos trabalhando para que isso não aconteça, José. Deixe-nos ver como está o quadro. Você pode examinar, Cenira? — indagou doutor Fernando, solicitando à acompanhante que fizesse o procedimento.

Cenira, com muita habilidade, espalmou a mão sobre o ventre do paciente. Uma luminosidade amarela começou a irradiar das palmas de sua mão. E, em poucos segundos, ela disse:

— Doutor, o quadro vai exigir uma pequena incisão desta vez.

— Então, peço que você feche seus olhos e relaxe, José — orientou o médico.

— Sim, doutor.

Foi a própria Cenira quem fez o procedimento sobre o chacra solar de José, injetando uma dosagem pequena de antissépticos. Assim que terminou, surgiu uma espuma de cor verde em forma circular em torno do umbigo que borbulhava na medida em que era expelida.

Doutora Cenira imediatamente solicitou aos técnicos presentes que recolhessem o material. Assim que eles passaram algumas tiras de gases limpando o local, percebeu-se claramente que umas larvas em movimento lento começavam a sair da região do estômago. Com pinças próprias, cada uma delas era recolhida com muita cautela pelos colaboradores. Enquanto isso, doutora Cenira preparava nova mistura de medicações em uma seringa. Dezenas daquelas larvas já estavam acondicionadas em pote apropriado com um líquido conservante. Toda aquela fauna microbiana era tratada como material valioso para pesquisas e utilização na farmacologia do hospital.

José adormeceu completamente sob a ação de alguns colaboradores encarnados que ali se encontravam e demonstrava nítido alívio no rosto na medida em que a limpeza era executada. Assim que encerrou a tarefa ele foi reconduzido ao seu corpo.

José está em um presídio na grande São Paulo. Condenado a anos de prisão veio a conhecer o Espiritismo na cadeia, realizando profunda mudança em seu coração. As larvas astrais que o abatiam era um produto natural dos ambientes espirituais enfermiços de tais locais, fruto da ingestão de miasmas pelo chacra solar. Os guardiões desse lugar traziam-no periodicamente para a assepsia, tentando evitar que ele contraísse grave doença intestinal. O ambiente do presídio era, embora o esforço do saneamento astral, um lugar de difícil acesso em que muitas batalhas espirituais entre o bem e o mal foram travadas. Por intercessão direta de Bezerra de Menezes, encontramos condições para o transporte de José com base em acordos feitos com os servidores do mal que tomam conta de várias partes daquele presídio.

Já se passavam das duas horas da madruga. As equipes do hospital estavam em serviço ativo há pelo menos cinco horas. Assim são as noites nessa ala do Hospital Esperança, onde se pode verificar de forma evidente a expressão da bondade dos servidores da luz em momento de tanta dor na Terra. Havia muito trabalho e cada limpeza e procedimento significam uma chama de esperança, um passo para uma sociedade mais pacificada e melhor. São verdadeiros pingos de amor no extenso mar das tormentas e dores da humanidade que representam para muitos a prevenção e, para outros, a libertação de dias mais sombrios.

Após um atendimento, doutor Fernando foi notificado de que a tarefa planejada no plano físico já estava com todas as providências tomadas. Ele iria auxiliar diretamente a Alzira no bairro da Lapa. Ele e sua equipe composta por Cenira e mais dois colaboradores seguiram para o Rio de Janeiro.

Chegando ao endereço, lá se encontravam dona Aparecida, o médium Antonino em desdobramento pelo sono e mais alguns guardiões de nossa casa de amor.

Entramos com muito respeito nos aposentos do casal. Rogério, esposo de Alzira, estava fora do corpo e não guardava quase nenhuma lucidez sobre o que acontecia à sua volta. Alzira, no entanto, estava completamente apegada à matéria, pois nem sequer se emancipou. Colaboradores do hospital informaram ao doutor Fernando:

— Ela está sob o efeito de sedativos psiquiátricos fortes. Não teria a menor condição de sair do corpo naturalmente essa noite.

— Vocês fizeram a proteção da casa dela?

— Está tudo muito bem monitorado, doutor. Temos seis guardiões atentos desde as primeiras horas da noite.

— Há quanto tempo ela dorme?

— Aproximadamente dez horas. Ela tomou os medicamentos injetados por volta das três horas da tarde, mas só dormiu algum tempo depois.

— Ótimo! Vamos trabalhar! Por gentileza, levem Rogério para um lugar mais distante, e podem armar duas macas no centro do quarto. O Sr. Marabô já chegou?

— Já foi chamado, doutor.

— Façamos uma oração enquanto ele não chega.

A equipe buscou a oração protegendo com um campo de força o local onde seria feito o auxílio. Alzira passava por forte crise, acentuada por uma enfermidade mental. Ela era muito devotada a um ramo expressivo da igreja protestante e havia se envolvido em um lamentável episódio que a desestruturou por completo. Um influente pastor de sua igreja demonstrou muito interesse em graduá-la nas frentes de serviço. Alzira encantou-se com a proposta e, de coração limpo, esforçou-se para merecer a oportunidade que poderia mudar sua vida em todos os sentidos, inclusive financeiramente. Contudo, o homem tinha também outros interesses com ela e foi em uma das viagens a serviço da igreja que o pastor a envolveu afetiva e sexualmente, usando sempre artifícios de devoção missionária. Alzira entregou-se à aventura, mas algumas semanas depois do acontecido, foi assediada insistentemente pelo homem para deixar o marido que não correspondia aos interesses da sua missão perante Deus, e aí ela perdeu o equilíbrio. Arrependida e se sentindo profundamente culpada entrou em delírio por conta da sua fragilidade psíquica e pensava em se matar.

Após alguns preparativos, chegou Marabô e começaram os serviços.

— Antonino, você já sabe o que fazer. Puxe-a para fora do corpo.

Antonino, demonstrando já estar acostumado a esse tipo de trabalho, buscou mentalmente em seu próprio duplo etérico, que estava acoplado ao corpo físico enquanto ele dormia, uma grande dose de energias vitais que se juntaram em torno de suas mãos, quase materializando-as no seu perispírito. Ele se aproximou do corpo físico de Alzira, colocou as mãos na altura de sua cabeça e com um movimento brusco fez como se a puxasse pelos cabelos. Seu corpo mental inferior se deslocou com se tivesse sido literalmente cuspido por inteiro para fora da matéria. Ainda completamente adormecida, foi colocada em uma das macas, enquanto Antonino deitou-se em outra.

O guardião, Sr. Marabô, cantava um ponto de limpeza, muito conhecido na Umbanda, que irradiava uma energia muito poderosa no ambiente.

"Descarrega, descarrega

Esse filho tem precisão

Marabô vem em socorro

Limpa toda obsessão.

Ogum já está de ronda

Exu de prontidão

Leva pro mar profundo

Toda dor e aflição."

Depois do ponto cantado pelo guardião, formou-se literalmente um redemoinho de forças sobre o local onde estavam as duas macas. Aquele funil energético, que estava de cabeça para baixo, envolvia o médium Antonino e a paciente Alzira. Na medida em que diminuía a potência, em seu lugar se fixou uma cortina redonda em torno daquela parte do quarto. Era um campo de força de poder, com cor amarela.

O Sr. Marabô entrou nesse campo e encostou a mão direita sobre a cabeça do médium e a mão esquerda sobre a cabeça do corpo mental de Alzira.

Uma quantidade absurda de matéria mental da culpa começou a brotar por todos os orifícios da cabeça de Alzira. Era uma matéria que parecia ter vida, que pulsava como se fosse um coração. Imediatamente nossos técnicos entraram no campo de força e se aproximaram para transferir toda aquela estranha aglomeração pastosa de cor marrom para a cabeça de Antonino. Após cerca de três minutos, a saída da matéria diminuiu e o médium, que desacordou completamente durante o processo, foi levado rapidamente para as dependências do Hospital Esperança, onde passaria por uma limpeza e esterilização para remover aquele conteúdo tóxico e enfermiço.

O corpo mental inferior de Alzira foi reintegrado ao corpo físico e recebeu mais alguns recursos revigorantes, como o passe e a vitalização por meios de medicações aplicadas em seu duplo etérico.

Quando o serviço estava completo, dona Aparecida indagou:

— Doutor Fernando, o senhor pode me esclarecer o que essa mulher tem?

— Loucura, dona Aparecida. Doença mental grave intensificada por atitudes infelizes.

— Ela vai acordar melhor, depois dessa limpeza?

— Muito melhor. E vai atribuir a recuperação exclusivamente aos sedativos. Embora não possamos desconsiderar o valor da medicação que a acalmou, se não fizéssemos essa assepsia da matéria da culpa ela acordaria ainda em grave quadro de doença mental. A medicação ajudou e a limpeza feita pela nossa equipe completou o benefício.

— Ela sente culpa pelo quê? — perguntou dona Aparecida, que ainda não havia participado do socorro a esse caso.

— Traição conjugal. Envolveu-se com o pastor de sua igreja.

— E o marido sabe?

— Não, dona Aparecida. Não sabe.

— Pobre homem! É um bom marido?

— Rogério é um excelente marido. E, graças à sua bondade e ao trabalho que realiza é que Alzira está recebendo esse recurso tão especial, em sua própria casa, esta noite.

— Qual o trabalho dele?

— Ele é um grande líder espírita no estado do Rio de Janeiro, e tudo isso que está acontecendo partiu, originalmente, de inflexíveis inimigos desencarnados do trabalho que ele realiza. Já que não conseguem desestabilizá-lo diretamente, cerraram forças em Alzira para criar perturbação e enfraquecê-lo no serviço que realiza no bem.

— Ele é espírita e ela é evangélica!

— Isso mesmo, dona Aparecida.

— E isso pode dar certo, meu Deus? Desculpe a pergunta indiscreta e preconceituosa, doutor.

— A diferença de religiões até agora não trouxe nenhum problema ao casal. Aliás, nesse assunto não é a diferença de pensamento que costuma trazer problemas, e sim a conduta de cada um, minha irmã.

— Eles conseguirão superar isso?

— Muito provavelmente, sim. Alzira não é mal intencionada. Foi apenas fraca e invigilante. Repudia a própria atitude e conseguirá se perdoar, desde que esteja mentalmente mais estável. Existe enorme chance de se desligar da igreja depois desse episódio e ainda somar esforços com o marido.

— Que Deus os abençoe para que isso aconteça.

— Nos próximos quinze dias vários guardiões do bem foram destacados para conter a onda de fúria energética que os pastores da igreja de Alzira farão para buscá-la em sua casa. Telefones, e-mails, recados de irmãos e até cartas vão chegar convocando-a a participar das reuniões para exorcizar o capeta que tomou conta dela. Eles não reconhecem a doença e os meandros de natureza emocional que envolve a história. Atribuem tudo a forças demoníacas.

— Incluindo o pastor com quem se envolveu?

— Não. Ele se mostra muito tranquilo com o que fez. Ele entende que cumpre uma missão que é a de salvar Alzira das mãos do marido espírita, direcionando-a para o caminho de Jesus. Considera sua intervenção e o resgate dela como sendo uma bênção.

— E para isso faz sexo com ela? Que covardia!

— Dona Aparecida, infelizmente, por longos milênios, temos usado a religião para atender caprichos pessoais. Não é covardia, mas a reunião de sombras interiores. E Alzira tem sua parcela de responsabilidade, pois, embora ame o marido, tem permitido muito fanatismo. Era preciso um choque para que obtivesse as chances de resgatar o discernimento e avaliar melhor sua conduta exagerada com a religião. Todo excesso na conduta humana traz consequências com efeitos necessários e corretivos. O exagero abre as portas para a entrada da perturbação e do desequilíbrio em quaisquer circunstâncias.

— Mudando um pouco de assunto, fiquei impressionada em ver as condições em que Antonino ficou ao absorver aquela matéria intoxicante.

— Ele realiza um trabalho de devoção, dona Aparecida, e vai receber tudo o que precisa para ficar bem.

— Uma atividade dessa desgasta o médium, mesmo ele recebendo o auxílio dos amigos espirituais?

— Sim, desgasta bastante. Por isso, as condições de saúde do médium têm de ser previamente avaliadas para que ele coopere nessas iniciativas, sem corrermos riscos. No entanto, de acordo com o princípio sagrado da ciência homeopática de que semelhante cura semelhante, Antonino recebeu a matéria tóxica para livrar Alzira das dores. Esse serviço de amor incondicional é o sublime movimento da alma que transforma a toxidade da culpa de Alzira em medicação para as lutas que o próprio médium enfrenta em seu campo mental. Pela força do amor de seu coração, Antonino transforma a estrutura molecular de uma parte dessa matéria em remédio e nutrientes para sua própria saúde.

— E como ele vai acordar no seu corpo físico?

— Muito cansado e, algumas vezes, fatigado. Depende do quanto vai absorver dos recursos que estão sendo ministrados a ele nesse momento lá no hospital. E também da própria reserva de energia que possuía antes de vir para a tarefa esta noite. Kardec estudou o assunto em *O livro dos espíritos*, na questão 412, e o apresenta da seguinte forma:

> "Pode a atividade do Espírito, durante o repouso, ou o sono corporal, fatigar o corpo? Pode, pois que o Espírito se acha preso ao corpo qual balão cativo ao poste. Assim como as sacudiduras do balão abalam o poste, a atividade do Espírito reage sobre o corpo e pode fatigá-lo."

As atividades socorristas fora do corpo durante a noite são como um balão possante que sacode com forte impacto as estruturas do corpo físico.

— E qual era a condição do médium antes de vir para essa tarefa de auxílio?

— A senhora acompanhou o atendimento que foi oferecido a ele nas câmaras de revitalização e sabe que Antonino está temporariamente afastado das tarefas mediúnicas habituais por recomendação de nossa equipe, com intuito de se recuperar de um período de estresse emocional que muito o debilitou. Entretanto, suas condições nessa noite eram as melhores. Ele vem recuperando-se muito rapidamente e sua saúde está se reorganizando. Por essa razão, seu retorno ao corpo físico será pleno e muito provavelmente ele vai experimentar um grande bem-estar e muita disposição ao invés de cansaço.

— Qualquer pessoa pode colaborar com esse tipo de atividades?

— Qualquer pessoa não, só aquelas que participam conscientemente e com disciplina desse tipo de serviço. Elas já são pessoas que adequaram a própria vida física às condições íntimas necessárias para transformar suas existências em um projeto de colaboração e comprometimento mais amplo adquirindo o preparo mental, o interesse fraternal pelos cuidados com a coletividade e a disposição de ser útil.

A maioria dos encarnados pode, consciente ou inconscientemente, cooperar com os serviços socorristas fora do corpo durante o sono físico. Muitos irmãos são levados até o Hospital Esperança e a outras organizações de amparo, totalmente adormecidos, para fazerem doações de ectoplasma e outras energias curativas originadas da matéria física. Eles não conseguem acompanhar com lucidez o trabalho e alguns acordam durante as doações e dormem novamente. Mesmo assim, a cooperação é eficaz e muito produtiva.

— Aproveitando a curiosidade, o que pode dificultar essa participação nos serviços noturnos por parte dos encarnados?

— A ausência nas escolas preparatórias e nos serviços socorristas acontece principalmente pela qualidade da vida mental do encarnado durante o período do seu dia de atividades e pelas atividades e atitudes que escolhe na véspera do sono físico. A alimentação, o teor das conversas, a frequência a ambientes agitados, os programas de televisão que incentivam maus sentimentos e pensamentos atormentadores são alguns dos principais desvios capazes de alterar significativamente as chances de colaboração durante a noite.

Verificando o tempo, doutor Fernando interrompeu a conversa.

Já passavam das três horas da manhã quando regressamos ao hospital após realizar várias outras assistências espirituais no astral do Rio de Janeiro, do Chile e em pequeno vilarejo nas proximidades de Ji-Paraná, em Rondônia.

O movimento nas enfermarias ainda era intenso. O astral do hospital, entre dez horas da noite e cinco da manhã, é completamente alterado pelo crescente índice de necessidades que os irmãos no mundo físico têm apresentado. Esse andar do subsolo é um cenário que repete com fidelidade a atuação da Casa do Caminho, fundada pelos primeiros seguidores de Jesus, cuja narrativa contida no livro *Paulo e Estevão* deixa clara a missão socorrista dos discípulos do Mestre Jesus por meio do amor ao próximo. Os espíritas, universalistas, católicos, umbandistas e vários cooperados sem nenhuma designação religiosa são alunos atentos e esforçados, que estão matriculados nas tarefas ou são cooperadores circunstanciais que se oferecem em nome do bem e da colaboração.

De relance, ao passar no posto da enfermaria, vimos que Antonino ainda tomava um soro antes de regressar ao seu corpo físico. Mais adiante, ao passar na porta do salão onde Chico palestrou para os dirigentes, vimos um conhecido e respeitado escritor e sacerdote umbandista discorrendo sobre a morte para mais de quatrocentos encarnados que já haviam passado pelos banhos energéticos na enfermaria. Era Rubens Saraceni[1] que, alguns meses antes de seu desencarne, já se preparava para a grande viagem.

Após as cinco horas, quando a presença de espíritos emancipados pelo sono físico diminui, as atividades internas do hospital se reduzem praticamente aos serviços de rotina com os desencarnados internados que, por si só, já são imensos e muito dinâmicos.

A partir das onze horas da manhã, as equipes formadas por colaboradores do mundo oriental desdobram-se e vêm trabalhar no hospital. Eles comparecem em face da amplitude das tarefas de rotina nas escolas de educação e nos serviços externos.

---

[1] Rubens Saraceni (1951 — 2015) foi um médium e escritor brasileiro. Exerceu sua mediunidade e fez seus estudos no campo da espiritualidade por mais de trinta anos.

Os encarnados que fizeram plantão durante a noite já voltaram para o corpo físico e várias equipes que chegaram de diversos lugares do outro lado do planeta, em menor número, cooperam na rotina diária da nossa casa de amor, de nove até às vinte e uma horas.

Mais uma vez refletimos que a doença e a dor terrena seriam ainda maiores se não fossem essas medidas de amparo, socorro e atendimento realizadas no plano espiritual. Quantas doenças são evitadas, quantas dores amenizadas, quantas obsessões reencaminhadas!

Lembrando-me da estrutura humana nos serviços públicos ou privados dos hospitais do plano físico — ainda tão limitados —, penso na grata surpresa dos encarnados diante do serviço de atendimento e prevenção na maioria das organizações do mundo espiritual. A priorização e o investimento nessa área em nossas esferas obedecem a súplicas de planos mais elevados realizadas há centenas de anos, o que permitiu um avanço em relação aos serviços do plano físico em mais de dois séculos.

Entretanto, em função do local em que se instalaram e da sua história, muitas instituições do nosso plano ainda têm seu fluxo de trabalho semelhante ao da sociedade terrena. Nelas a carência de recursos e mesmo a estrutura de atendimento é compatível com a necessidade e natureza das vivências daqueles que são assistidos.

Na atualidade há um clamor mundial pela coletivização da saúde em nosso plano, no qual a teia da solidariedade é incondicional e prestativa, possibilitando os mais ricos intercâmbios para que o amor possa fluir com abundância aos mais sombrios pátios de dor no astral. Estão sendo desfeitas as barreiras internacionais em nome do amor.

Os banhos energéticos e as iniciativas socorristas promovidas na casa de Eurípedes Barsanulfo podem ser reproduzidos por muitos núcleos orientados pela mediunidade e pelos roteiros sagrados da caridade. De modo mais simples e com atividades mais rápidas, pode-se conseguir bons resultados sem tanto detalhamento no trabalho como os que realizamos nas atividades do Hospital Esperança. As casas espíritas, umbandistas e de outras designações espiritualistas, que têm olhares mais abertos para uma relação de intercâmbio mediúnico livre de rígidos padrões, são os principais núcleos que têm oferecido cooperadores para essas atividades noturnas.

Os serviços do hospital são especializações com objetivos de intervenção na ficha cármica e no melhor cumprimento do planejamento de reencarnação daqueles que são assistidos. Nossa equipe avançou em técnicas aprendidas com os Xamãs e orientadores de outros sistemas estelares, visando à cura quântica que acelera, intensifica ou transmuta completamente o quadro de saúde humana, e Bezerra de Menezes é um especialista no assunto. Seus vínculos com esferas mais avançadas em tecnologia da saúde permitiu a implantação de centros muito modernos em nossa casa de amor. As condições socioambientais do planeta estão interferindo nocivamente nos projetos das reencarnações, desde a gestação até a idade avançada. Conquanto a existência de certas doenças na humanidade faça parte da previsibilidade, um percentual muito grande de enfermidades ocorre por conta desses contextos mentais nada saudáveis para a matéria física.

10
ESCOLAS PREPARATÓRIAS NO HOSPITAL ESPERANÇA

Em nova etapa do seu trabalho de anotações, o doutor Fernando começou a registrar a beleza dos serviços nas escolas preparatórias do Hospital Esperança, nas quais eram ministrados cursos, esboçados projetos de novas reencarnações e feitas reavaliações em projetos de quem já se encontrava encarnado. Uma equipe com amplo conhecimento nesses trabalhos atuava junto a ele, orientando o registro dos relatos de suas tarefas, o que permitiu selecionar ricas experiências, visando o aprendizado espiritual. É também nesse ambiente educativo que se realizam audiências de conciliação, sessões de terapia, palestras religiosas para formação de uma visão universalista, serviços especializados para crianças encarnadas, fora do corpo, orientação para empresários, inventores, músicos, esportistas e pessoas com muita capacidade de influência no organismo social humano.

Um andar inteiro de amplas proporções e de uma abençoada riqueza de recursos didáticos servia a essa tarefa luminosa, na qual os encarnados, emancipados pelo sono, enriqueciam o pensamento e se alimentavam de inspiração e emoções nobres no Hospital Esperança.

Várias atividades eram desenvolvidas nesse andar em clima de progresso e multiplicação do bem. Havia a reprodução de ambientes de igrejas, templos umbandistas e outras de organizações religiosas. Existiam laboratórios de biologia e medicina, campos de treinamento de esportes, centro para pesquisas e inventos, mesas e tribunais judiciários, salas terapêuticas, jardim de infância, ambientes acústicos para música, núcleos de formação de cidadania e muitos outros círculos de aprendizado e lazer.

A primeira atividade naquela noite foi passar alguns minutos assentada no banco da igreja católica, erguida com fidelidade aos templos da terra. Uma linda imagem de Nossa Senhora emitia raios de cor azul a todos os presentes. A pequena celebração daquele instante estava a cargo do padre Sebastião Carmelita, que foi um divulgador importante do Espiritismo em Uberaba dentro das fileiras católicas.

Mais adiante, a parada foi em um pequeno círculo de setenta médiuns, reunidos em pleno jardim suspenso, compondo uma parte mais ecológica daquela ala. Antusa Ferreira, Odilon Fernandes e Manoel Roberto discutiam assuntos relativos ao exercício da mediunidade no século 21.

Em seguida, fomos acompanhar de perto as sessões de conciliação. Na ocasião, reuniam-se dois advogados representando a jovem empresária Mara e o seu devedor José Carlos, que seriam orientados.

O advogado de Mara falou:

— Compreendemos o que você está passando neste momento, José Carlos, e estamos cientes de que suas intenções são honestas e enobrecedoras. Mara, minha cliente e sua irmã perante Deus, não está aqui para cobrar, e sim para ampará-lo.

— Gostaria muito de acreditar nisso, doutor. Minha vida está um caos e não sei por onde começar a atuar para resolver. Olha, a Mara vai me desculpar, mas como posso acreditar que ela quer me ajudar fazendo essa pressão desumana que ela tem feito para tirar de mim até meus bens pessoais para pagar uma dívida que, embora seja justa, não vai lhe prejudicar o andamento dos negócios? Eu já propus que ela aceite de volta a mercadoria, mas sua ganância e postura irredutível são lâminas afiadas que cortam meu coração. Trabalhamos juntos há tantos anos! Graças à minha preferência ela cresceu e expandiu seu mercado. Agora que estou na pior, ela sequer atende meus telefonemas para fazer um acordo.

— A minha cliente quer se manifestar?

— Quero sim, doutor. Desejo lhe pedir perdão pela minha ganância, José Carlos. E vim aqui para lhe contar uma história e acalmar seu coração. Tenho um sobrinho com uma doença rara e grave. Procuramos uma casa espírita onde ele foi muito ajudado. Após sua melhora, os médicos não souberam explicar a reversão da doença. Nossa gratidão foi tanta que oferecemos uma ajuda significativa em dinheiro à instituição. O médium que nos atendeu, quando recebeu o cheque de alta soma em suas mãos, disse-nos que aquele dinheiro seria muito melhor empregado se eu pensasse nas pessoas que me devem e no que eu poderia fazer para amenizar o momento tormentoso de suas provas. Fiquei surpresa com a recusa e mais ainda com o que ele falou, sendo que nada sabia dos meus negócios. Foi aí que comecei a frequentar aquela casa, conheci melhor algumas pessoas de bom coração e me encantei pelo Espiritismo, renovando meu modo de pensar sobre a vida. Ainda ontem à noite, antes de dormir, supliquei aos bons espíritos uma ajuda para saber o que poderia fazer pelos que me devem e, assim que me emancipei, fui atendida por uma mulher maravilhosa muito conhecida aqui no Hospital Esperança, chamada dona Modesta. Foi ela quem me encaminhou a esta sessão. Terei permissão para relembrar o nosso encontro dessa hora quando acordar no corpo, e lhe prometo avaliar com critério justo e compassivo as suas dívidas. Estou muito feliz e jamais imaginei que existisse algo como o que acontece aqui, um encontro conciliatório enquanto nossos corpos repousam. Ainda no início desta noite, na sessão espírita, recebi uma mensagem pedindo para que eu me preparasse para este momento. Estou de coração preenchido e regressarei ao corpo com a alma sábia e pronta para tomar medidas em seu favor, e de outros devedores do meu comércio. Tranquilize sua alma.

Passamos para outra sala. A audiência de conciliação era de um caso de separação conjugal. O advogado de Angélica dizia:

— Estamos aqui em nome de Deus pedindo paz à senhora, dona Angélica. Meu cliente reconhece que falhou com a verdade, mas não aceita sua atitude vingativa.

— Vingativa? O senhor advoga por esse homem porque não sabe a dor que ele me causou.

— Dona Angélica, a senhora está equivocada. Sei bem da sua dor. Não estamos aqui defendendo causas pessoais. A análise do caso de vocês é feita por mim em comum com seu advogado, e não tomamos partido. Não há vencedores nas causas advogadas. Nosso objetivo é a melhora e o progresso de todos. Advogamos pelo bem de todos e para que predomine a verdade. Passei longo período acompanhando seus tratamentos médicos e sei claramente do desgaste que essa separação lhe causou. Sou advogado do Roberto, mas quero também a sua recuperação.

— Ele foi muito cruel.

— Reconheço sua mágoa, Angélica, e não estou aqui para pedir perdão. Sei que não mereço. Estou aqui para suplicar-lhe um pouco de paz pelo bem de todos nós — rogou Roberto, o ex-marido.

— Paz? Como posso ter paz? Eu fui uma mulher boa, honesta e prestativa. Fiz tudo por você, e o que recebo em troca? Traição e o fim de um casamento tão sonhado. Vou deixar você na penúria, eu quero vê-lo morto! Quero vê-lo morto! — e a mulher perdeu o controle, gritando sem parar, até tomar um copo de água fluidificada e ser acalmada.

— Acalme-se, Angélica! — solicitou Roberto.

— Me acalmar? Acalmar por quê? Quem vai fazer algo a meu favor nesse inferno em que estou vivendo?

— Eu vou fazer, minha filha — ouviu-se uma voz no ambiente, partindo de uma caixa de som.

— Mamãe? É a voz da minha mãe? — expressou a mulher, atormentada, procurando a origem daquela voz.

— Sim, minha filha, estou aqui. Você não pode me ver agora, mas estou aqui.

— Aqui aonde? A senhora me ouve?

— Ouço, filha querida. Em verdade, tenho acompanhado você o tempo todo.

— Mas — indagou Angélica, confusa, olhando para os advogados — como é que ela está aqui e eu não a vejo?

— Fique calma, Angélica. Você vai entender como isso acontece — respondeu seu próprio advogado.

— Mas onde ela está?

— Estou perto do seu coração, filhinha. Você não me chama sempre?

— Toda hora eu a chamo, mamãe. A senhora me ouve nas preces?

— O tempo todo, filha amada. E estou aqui para abençoá-la e livrá-la dessa tormenta infeliz.

— Eu preciso mesmo me livrar desse traste, minha mãe. Socorre-me, pelo amor de Deus!

— Não é dele que você tem de se livrar, minha filha, e sim do peso de suas dores interiores.

— Este canalha realmente me feriu muito.

— Filha, contenha seus ímpetos de vingança e ódio, pois eles só agravam a sua dor. Roberto não foi honesto com você, isso é verdade e ele reconhece. Ninguém pode acusar você por se sentir ferida e injustiçada. Porém, a vida prossegue e quem mais está sofrendo com o gesto infeliz de Roberto é você mesma.

— E não era para sofrer, mamãe? Não fui eu a traída, a lesada?

— Filha, ninguém quer lhe impedir de sentir o que é justo. No entanto, a justiça não alivia a dor nem sossega o coração. Sem o perdão e o reconhecimento de suas próprias necessidades de aprendizado no casamento, não haverá paz em sua vida.

— Que necessidades de aprendizado tenho eu, uma mulher ferida, traída e magoada, mãezinha?

— Reconhecer sua parcela de responsabilidade na relação conjugal.

— Sou eu quem foi ferida e ainda tenho de reconhecer minha parte? Reconhecer o quê, minha querida mãe? Você me conhece. Se for você mesma que está falando através dessa voz, sabe bem quem sou. O que eu teria feito para receber tanta dor?

— Filha, aqui fora do corpo nada pode ser escondido. Estamos no mundo da verdade. Abra sua alma. Assuma sua verdade, Angélica.

— Do que você está falando?

— Acaso você também não teve alguns escorregões no casamento?

— Escorregões? Eu? Mamãe!

— Filha, todos nós aqui sabemos, inclusive Roberto. Por que acusar seu marido, sendo que você mesma criou a primeira rachadura no alicerce do casamento?

— Todos sabem? De quê?

— Como eu disse, Angélica — falou o advogado de Roberto —, não estamos aqui contra você, e sim para estabelecer a paz. Na época, eu fiz de tudo para evitar seus laços com Manoel.

Bastou pronunciar esse nome que Angélica caiu em prantos. Envergonhada e confusa, ela retrucou:

— Eu não acredito no que estou ouvindo. Afinal, o que querem de mim? Envergonhar-me, é isso? Estão me enganando com essa voz de minha mãe? É isso? Isso é um sonho, um pesadelo, melhor dizendo! Eu não estou vivendo tudo isso — falou, descontrolada.

— Está sim, minha filha. Como eu poderia lhe falar já estando morta? Estou fora da matéria. Em um plano que você não consegue me perceber. Falo aos seus ouvidos por meio de recursos muito especiais da tecnologia espiritual. Fale, coloque para fora sua dor. Você não sofre apenas porque foi traída, sofre porque também traiu. Seu ódio para com o Roberto é também dirigido a você mesma. Ninguém está aqui para acusá-la. Reconheça o que aconteceu.

— Eu me arrependi e não amei o outro. Fui tola e infantil ao buscar uma aventura, mas Roberto fez pior. Ele ama outra mulher, ele me trocou por outra.

— Entendo sua dor feminina, a de não ser amada, mas convenhamos que nenhum de vocês dois souberam erguer bases seguras e firmes para sua união. Sua necessidade de aventura refletiu na vida do lar, e você não tem como negar isso. Por que agredir tanto o Roberto? A história não começou com ele, mas com você.

A mãe daquela senhora havia atingido o núcleo daquele enredo e não havia mais o que dizer. Roberto olhou com piedade para Angélica, que também o olhava de relance, e disse:

— Perdoe-me, querida, por não ter sido bom o suficiente para você. Eu sei de tudo o que aconteceu entre você e Manoel. Não tive forças para me reerguer. Se eu puder, faço qualquer coisa em favor do seu sossego, lhe estendo minha mão. Estou aqui de coração aberto e humildemente reconheço que poderia e deveria ter feito tudo de outra forma. Perdoe-me! Não fui um bom marido, mas quero ser um bom amigo e irmão.

Após esse primeiro entendimento, a audiência prosseguiu com fortes emoções. Com amparo de médicos e assistentes, Angélica recebeu ajuda e, pelo caminhar dos acontecimentos, seria um desfecho feliz.

Andamos um pouco mais e dona Aparecida, que compunha a equipe, indagou:

— Até eu, que estou morta, estou surpresa com tudo isso. Audiência de conciliação!

— É uma mera formalidade, dona Aparecida — respondeu doutor Fernando.

— Mas que funciona, funciona!

— São ótimos os resultados em função da didática. A pessoa sai do corpo, desperta, e está dentro da audiência. Não questiona tempo e nem espaço, quem marcou ou deixou de marcar aquele encontro. Ela apenas vive o momento. No entanto, os efeitos são reais, palpáveis e imprevisíveis.

— Allan Kardec tratou do assunto com muita sabedoria em *O livro dos espíritos*, questão 414:

> "Podem duas pessoas que se conhecem visitar-se durante o sono? Sim, e muitos que julgam não se conhecerem costumam reunir-se e falar-se. Podes ter, sem que o suspeites, amigos em outro país. É tão habitual o fato de irdes encontrar-vos, durante o sono, com amigos e parentes, com os que conheceis e que vos podem ser úteis, que quase todas as noites fazeis essas visitas."

— Fiquei pensando no projeto de vida desses dois enquanto corria a audiência. Com certeza um incidente desse tipo altera toda a programação deles. Estou certa, doutor?

— Certíssima, dona Aparecida. Após essas audiências, casos como o de Roberto e Angélica vão parar diretamente na mesa de projetos. Esses advogados cumprem a função de assessores cármicos ou guardiões do caminho e vão avaliar as fichas e as decisões tomadas hoje, visando reprogramações para o futuro.

— O senhor sabe algo a respeito da história desse casal?

— Sei, sim. A mãe de Angélica é uma de nossas cooperadoras em outras dimensões e pediu nossa intercessão.

Roberto e Angélica fizeram um projeto de vida a dois antes do renascimento. Todavia, pela impossibilidade de manter os laços em função da ruptura do casamento, já está sendo reexaminado o projeto de Roberto e da nova mulher com a qual ele se vinculou.

— O projeto dela também?

— Claro que sim. Ela também vem de uma recente separação, tem um filho e o casamento dela era o seu projeto pessoal de planejamento aqui na vida espiritual.

— Meu Deus, quanta reprogramação isso deve gerar!

— Disse tudo, dona Aparecida. É um trabalho de atenção, minúcias e paciência. Vamos caminhar um pouco mais?

Doutor Fernando conduzia o grupo como um instrutor amoroso e atento aos propósitos de fazer os registros.

Chegamos ao setor dos encontros noturnos, onde as pessoas, por livre vontade ou com prévia marcação, tinham momentos de diálogo, diversão, troca de ideias e acertos pessoais.

Eram muitos os corações que se reuniam naquela local. Doutor Fernando, como se procurasse alguém, logo encontrou quem queria e nos chamou.

Dando continuidade à assistência espiritual a um caso socorrido por nós mais cedo, vimos em um canto daquele amplo salão um acontecimento muito esperado e feliz. Alzira, a mulher evangélica que se envolveu com o pastor, e seu marido, Rogério, dialogavam acertando o futuro. Chegamos mais perto e os cumprimentamos. Eles tinham uma irradiação de paz e Rogério, que já nos conhecia bem, convidou-nos para ouvir o que acertavam entre si, o que fizemos com muito respeito e gratidão pelo convite.

— Rogério — falou a esposa com sensibilidade —, aqui, na presença de amigos que tanto me ajudaram, quero declarar meu amor a você. Enfrentei momentos difíceis e, mesmo não tendo muita consciência sobre como fui ajudada por esses queridos, rogo a eles que sejam as testemunhas das minhas mais nobres intenções. Passamos momentos difíceis. Sinto-me ainda sofrida por tudo que aconteceu, mas decidida a colocar equilíbrio em minhas ações. Lamento que você tenha passado por tudo isso, meu marido.

— Cuidar de você, Alzira, e vê-la bem, é o mínimo que posso fazer como esposo. Sua doença foi muito cruel — falou o marido, que não sabia dos detalhes de nossa ajuda e nunca saberia sobre a traição da esposa.

Para ele tudo se resumia à doença mental que acometeu os sentidos de Alzira.

— Fui mesmo uma mulher doente, não só mentalmente, mas também na conduta infeliz. Entretanto, coloco isso nas mãos sábias do Pai. O que importa é que nunca deixei de lhe amar, mesmo com as minhas fraquezas.

— Não são fraquezas, querida. Pelo contrário, a considero uma mulher muito forte.

— Melhor que você pense assim, e eu, em minha consciência e com o amor que tenho a você, farei do tempo o mestre que corrige todas as falhas. Aceite o meu amor.

— É apenas isso o que quero, Alzira.

— Mas eu lhe darei mais. Por puro desejo de achar o seu Deus que o fez um homem tão bom e honesto, eu me rendo ao Espiritismo. Quero começar a conhecer seus caminhos e, ao lado do homem que amo, colocar Deus entre nós.

A cena não podia ser mais linda. Eles se abraçaram e se beijaram com um terno carinho.

Alzira cumpriu seus votos declarados fora do corpo. Abandonou a igreja e seguiu os caminhos do marido. Uma combinação luminosa de forças que culminou em maravilhosas iniciativas no bem.

Deixamos os dois à vontade e seguimos para um dos lugares mais visados das escolas preparatórias do Hospital Esperança: as salas de terapia.

Doutor Fernando, cumprindo rigoroso cronograma de tempo e disciplina, chamou-nos para acompanhar a sessão que começaria em minutos. Fomos direto ao atendimento que doutor Inácio Ferreira faria naquela noite. Teríamos a presença de um trabalhador de grande valor da seara espírita. Esse encontro era muito aguardado entre nós.

Com permissão superior e com fins de aprendizado, podíamos acompanhar a sessão por meio de um sistema de câmeras e áudio, já que na pequena sala de terapia só se encontravam o terapeuta e o paciente.

Assim se desenrolou a sessão:

— Como vai, senhor P?

— Doutor Inácio! Até que enfim chegou esse momento esperado.

— Esperado?

— Sim, já espero essa consulta com o senhor há muito tempo.

— Qual o motivo de tanta espera?

— Seus livros ou, melhor dizendo, os que alguns andam escrevendo usando seu nome no mundo físico.

— Sim, sou todo ouvidos. O que o senhor tem a dizer sobre esse assunto?

— Na verdade, tudo se resume em uma única e muito simples pergunta: os livros mediúnicos com seu nome não são seus, correto?

— O senhor esperou tanto apenas para saber isso?

— Isso é algo muito grave, doutor Inácio!

— Grave?

— Sim, muito grave. É muita mentira sobre o mundo espiritual e sobre a doutrina. Um atentado como nunca houve ao Espiritismo. Muita mistificação!

— Tão grave que levou o senhor a escrever resenhas de contestação aos livros?

— O senhor está bem informado, não é?

— Sei de alguma coisa.

— Estudei com muita atenção os livros atribuídos ao senhor e com a codificação aberta ao lado. Eles são um absurdo! Detalhei cada um com o intuito de comprovar a mentira.

— Agradeço por estudá-los.

— Por acaso o senhor, com essa fala, não está querendo dizer... Não acredito! Com isso está afirmando que são seus?

— Sem mudar uma vírgula e digo mais, fazem parte de um projeto para arejar o pensamento espírita e ampliar os horizontes acerca da vida espiritual.

— Eu não consigo acreditar no que estou ouvindo! Se foi o senhor que os escreveu, então deduzo que você não seja o verdadeiro doutor Inácio. Não pode ser!

— Sou eu mesmo que estou aqui, senhor P. Não tem enganação e nem mentira.

— Mas como? Se o senhor foi quem escreveu, como pode ter tanta mentira neles?

— O que o senhor avaliou sobre os meus livros são considerações que respeito, mas estão limitadas a uma percepção individual, e não universal. Os fatos que estão lá são mentiras na sua ótica.

— Tenho uma vida dedicada ao Espiritismo, fiz minhas críticas com profundo amor e desejo de preservar a abençoada doutrina espírita dos enxertos nocivos e degradantes e o senhor, doutor Inácio, ou seja lá quem for, vem me dizer que o que eu escrevi é uma visão individual? Quem o senhor acha que é?

— Eu sou Inácio Ferreira. E essa pergunta ficaria melhor para o senhor, não acha? Quem o senhor pensa que é para dar uma palavra definitiva sobre Espiritismo? O fato de ter uma vida inteira como espírita não lhe possibilita saber tudo sobre a imortalidade. É uma visão na sua ótica, volto a dizer.

— Uma vida dedicada ao estudo não se resume a uma ótica pessoal.

— Eu também dediquei uma vida ao Espiritismo, senhor P, e ao desencarnar tive de rever 100% de minhas concepções. Guardar certezas definitivas na matéria sobre o mundo espiritual é correr direto para os braços da ilusão.

— O senhor está me chamando de iludido? — indagou, alterando o tom de voz.

— Bom, aproveitando que o senhor alterou seu tom, vamos falar daquilo que interessa.

Eu estou informado que o senhor esteve aqui assistindo àquela palestra feita por Chico Xavier há algumas semanas e, desde então, a nossa equipe passou a verificar mais de perto suas reflexões que já eram bem conhecidas entre nós.

Creio que o senhor se recorda da célebre frase proferida por ele na palestra: "Libertem-se corajosamente da opressão do poder. Sejam servos uns dos outros".

Após aquela reunião, diversos benfeitores, que conduziam aquele grupo de quatrocentos dirigentes influentes, vieram solicitar no hospital a ação construtiva em favor de alguns de vocês. Entre eles, o senhor. Por isso foi marcada essa sessão, que está mais para interrogatório que para terapia.

É para isso que o recebo, senhor P. Sua reencarnação está em fase conclusiva e a tristeza com o que você chama de desvios ao movimento espírita pesa na estrutura de sua mente e na sua saúde. Reconheço que não teria forças o suficiente para mudanças marcantes na sua forma de pensar. Todavia, se eu o recebo aqui é para pedir em seu próprio favor, porque meus livros não precisam de defesa.

— Em meu próprio favor?

— Sim, para que aquiete seu pensamento e priorize sua paz, mesmo que deseje **ardentemente a crítica e a defesa da doutrina**.

— Minha paz está em defender o precioso tesouro que foi entregue à Humanidade por Chico Xavier e Allan Kardec.

— Eles não precisam de sua defesa, são incorruptíveis. Os tempos são outros, você verá aqui tudo aquilo que tem lido em meus livros, e nas obras de outros médiuns que são o alvo de suas críticas.

— Se eu chegar aqui e vir o que está nessas obras, prefiro ir para o umbral penar por lá eternamente, se necessário.

— O senhor não terá tanta escolha assim. Seu coração é rico de valores e sua reencarnação é abençoada, especialmente pelas conquistas em sua família numerosa e rica de bênçãos. Seu lugar muito provavelmente será por aqui mesmo, onde tem gente como eu, recomeçando e refazendo o caminho.

— Neste lugar?

— O senhor não gostaria?

— Aqui é lugar de gente doente, meu senhor. Esse não será o meu caso, tenho certeza.

— E o senhor não se vê como um doente, mesmo fazendo parte do grupo escolhido por Chico para receber os benefícios daquele inesquecível encontro?

— O que Chico disse pode ter servido para muitos ali, mas não para nós que temos grandes responsabilidades com o Consolador.

— Eu também pensava assim P, e tem décadas que me encontro aqui no Hospital Esperança.

Eu lhe dou um conselho de amigo: vá se acostumando. Chico não os trouxe aqui naquele dia sem uma razão. Ele já está programando a ajuda que receberão após a grande viagem.

Não pretendo estender minha consulta além do tempo habitual. Portanto, continue com suas críticas. Eu não tinha nenhuma ilusão em convencê-lo. Tenho a certeza de que nos veremos de novo. Seu destino está selado com a casa de Eurípedes Barsanulfo.

O senhor terá chance de estudar meus livros novamente deste lado da vida. Só que o fará sem as ilusões do pensamento amordaçado pela rigidez e pelo preconceito.

Deus o proteja na sua caminhada. Nossa sessão está gravada e o senhor terá chance de assisti-la oportunamente, após sua passagem.

A pedido de nosso benfeitor Eurípedes Barsanulfo, doutor Inácio já atendeu inúmeros dirigentes em regime de exceção aos critérios[1] para marcação de uma consulta com ele. A tarefa de terapia fora do corpo à noite é uma atividade extraordinária que já beneficiou muitos desses dirigentes com mudanças de posturas e uma melhor definição sobre suas atividades no mundo físico.

E mais uma vez, com intensa necessidade de aprender, dona Aparecida puxou assunto.

— Doutor Fernando, que homem turrão é esse dirigente!

— São as lutas de todos nós, dona Aparecida.

— Uma sessão como essa pode ajudar um homem com esse jeitão?

---

[1] Esses critérios já foram mencionados no capítulo 02: "A agenda do doutor Inácio, por exemplo, hoje comporta um atendimento especifico para pessoas encarnadas que se deslocam para o hospital durante a noite. Entretanto, foi necessária a elaboração de alguns critérios. O primeiro foi reduzir o tempo da consulta para dez minutos, do contrário ele ficaria uma noite inteira por conta de uma só pessoa. O segundo é que para adquirir o direito a uma consulta é necessário um número de setenta horas de serviço prestado ao hospital." (Nota do médium).

— Muito!

— Mas parece que ele saiu da entrevista sem mudar em nada.

— O propósito do diálogo não era esse. Esses encontros terapêuticos visam trabalhar as fibras mais profundas da alma. O irmão P vai se lembrar, em forma de sensação, da necessidade de ampliar sua visão de vida. A idade em que se encontra torna o homem mais sensível e ele vai registrar sutilmente o desejo de ter mais quietude e paz interior. Esse era o objetivo.

— Que tipos de pessoas se submetem a essa terapia?

— Aqueles que na vida física já se mostram abertos às mudanças significativas da vida interior.

— Mas o senhor P está dentro desse quesito?

— Sim, ele é uma pessoa de muito valor, como destacou o próprio doutor Inácio. O fato de ser turrão e fechado em seus pontos de vista sobre o Espiritismo não o desqualifica. Para nós, isso não tem a mesma importância que tem para ele. Talvez, lá no fundo da alma, aconteça algo como ter menos energia para continuar realizando tais críticas. Isso já será um avanço.

— Jesus de Nazaré!

— O que foi, dona Aparecida?

— Agradeço a Deus por ter morrido sem fazer parte desse grupo que acha que sabe tudo sobre o plano espiritual. A luta é bem maior desse jeito.

— A senhora está certa. São muitos os trabalhadores que hoje fazem parte desses trabalhos terapêuticos, individuais ou em grupo, para espíritas e religiosos de outras designações. Inclusive, temos aqui os grupos de reencontros que são verdadeiras oficinas dos sentimentos, visando trabalhar esse endurecimento nos conceitos e também as angústias pessoais de várias pessoas. Talvez essa seja uma das principais atividades das nossas escolas. É daqui também que sai a grande maioria dos servidores que poderão cooperar com os serviços mais arrojados junto às fileiras do submundo astral no futuro.

— É preciso que a cabeça esteja no lugar, não é, doutor Fernando?

— A cabeça e o coração, minha irmã.

Estavam concluídas as tarefas de mais uma noite de bênçãos. Já passavam das quatro horas da manhã quando fomos nos reunir com dona Modesta para encerrar os serviços. Toda a equipe dos servidores mais vinculados à nossa equipe chegava para a oração no salão onde Chico havia feito sua palestra.

Doutor Inácio, Antusa, Odilon Fernandes, Manoel Roberto, professor Cícero, irmã Ana Paula do Lar de Tereza, senhor Marabô, dona Aparecida, Langerton, padre Sebastião e outros vários servidores e aprendizes.

Dona Modesta chegou acompanhada por Eurípedes Barsanulfo. Estavam regressando de serviços muito exaustivos no Oriente Médio. Mesmo cansada, ela estava sorridente e expressava uma mensagem de esperança em sua fisionomia.

Assim que todos chegaram, ela pediu que fizéssemos uma corrente de mãos dadas e falou:

— É muito gratificante verificar que os esforços de auxílio aos nossos irmãos e amigos do mundo físico têm sido uma semeadura de esperança e alegria.

A riqueza das conquistas e as inumeráveis ocorrências infelizes evitadas por meio desse contato salutar e inspirador é, sem dúvida, a multiplicação do alimento para a alma atormentada com as lutas do plano físico.

Socorrer a dor, resgatar a esperança, insuflar a coragem e iluminar o pensamento são, na melhor das colocações, a mão de Deus agindo em nome da misericórdia e da compaixão.

Mais uma noite de trabalhos contínuos representou uma farta plantação que trará abundante colheita.

Renovemos nossos esforços a cada dia para que o homem encarnado compreenda que o percurso da caminhada compete ao esforço próprio, mas o alívio para o coração e a mente é nossa missão em nome do amor.

Ergamos nossa alma na oração sagrada do Pai Nosso e que nossa corrente de luz alcance, nesse instante, todos os que foram beneficiados esta noite e aqueles que ainda chegarão a esses portais do Hospital Esperança em busca da renovação de seu dias à luz do bem e do amor.

ENTREVISTA COM MARIA MODESTO CRAVO[1]

---
[1] Algumas dessas perguntas são do médium e outras são de leitores, selecionadas pelo Facebook.

Qual o objetivo da equipe espiritual com este livro?

Colaborar para que o homem faça mais conexão entre as atividades que realiza quando está desperto na matéria durante o dia e sua noite de sono, em estado de emancipação. Ter maior atenção com essa experiência da alma é abrir uma porta bendita para o processo de espiritualização humana. As noites fora da matéria são sempre muito ricas de ensinamentos, experiências e alertas. Não dar a atenção a esse material que fica gravado na mente é perder uma grande oportunidade de entender a caminhada da reencarnação.

Quais as atividades que mais desenvolvemos quando estamos fora do corpo à noite?

Este livro de Ermance Dufaux contempla as atividades que possuem mais engajamento para a grande maioria dos encarnados que se dispõe aos serviços colaborativos.

Observe, porém, que o mesmo não trata em minúcias sobre as atividades socorristas com as trevas, nos círculos escuros do submundo. Essa tarefa só é entregue a quem adquire amplo poder mental de autodefesa e uma maior flexibilidade nos conceitos sobre a espiritualidade. Ambos os critérios são fundamentais e funcionam como pilares de sustentação para quem se vincula a esse gênero de tarefa. Isso não significa que, mesmo sem tais qualidades, não se possa cooperar em serviços singelos ou ter participação esporádica nessas frentes de trabalho, tão essenciais para o mundo de regeneração.

Pode nos falar algo mais sobre a camada astral formada pela matéria mental dos encarnados e como ela prejudica a emancipação da alma durante o sono?

Essa camada lembra as vias neurais do cérebro que se conectam por pequenos vasos chamados axônios[2], tendo núcleos centrais que são o corpo do neurônio.

A camada pestilencial e doentia das emanações mentais dos habitantes da Terra tem núcleos mais densos, que funcionam como pontos de irradiação que se conectam com outros núcleos, mantendo entre si uma membrana de forças que envolvem todo o planeta. Além da matéria mental dos encarnados, essa camada recebe também o esgoto de energias pesadas de regiões umbralinas mais próximas da crosta terrestre.

Quem se conecta com essa manta astral durante o dia terá enorme dificuldade em sair do corpo à noite.

Quais as atitudes ou sentimentos que mais nos conectam com essa manta de miasmas enquanto estamos lúcidos no corpo físico?

Os vales sombrios da maldade organizados no mundo se utilizam de armadilhas mentais e morais para criar o atraso e a estagnação. São sete os principais laços de ligação com os ambientes venenosos no astral: o poder, o prazer, a vaidade, a violência, a mentira, a descrença e a doença[3].

---

[2] O axônio é uma parte do neurônio responsável pela condução dos impulsos elétricos que partem do corpo celular, até outro local mais distante, como um músculo ou outro neurônio.

[3] No livro *Os dragões* (capítulo 4, autoria espiritual de Maria Modesto Cravo, psicografado por Wanderley Oliveira, Dufaux, Belo Horizonte, 2009) foi feito um estudo sobre os sete Vales Sombrios.

Por exemplo, quem vive como mentiroso durante o dia é puxado, como limalha de ferro pelo ímã, para lugares no astral com densidade similar à da energia da hipocrisia. Ao sair do corpo, quase que automaticamente, ficará preso na massa fluídica dessa camada ou poderá ser puxado para núcleos organizados com esse conteúdo da dissimulação e da falsidade.

Por essa razão, dificilmente o homem sairia do corpo com objetivos nobres e libertadores se não fosse a extensão da misericórdia celeste que mantém asseio programado em relação a esse lixo astral.

Poderia nos dizer algo mais com relação a essa limpeza realizada pela equipe do Arcanjo Miguel?

Amigos queridos do Hospital Esperança, que se encontravam em trabalho nas imediações de uma base astral da maldade, em região litorânea de São Paulo, acompanharam os efeitos de uma noite de limpeza enquanto passava a nave saneadora e fizeram o seguinte relato:

> "Enquanto o fogo etérico queimava as emanações sombrias sobre aquela base, soldados da maldade atiravam na nave com o intuito de destruí-la. Usavam e testavam recentes armas que criaram exclusivamente com esse objetivo, mas tudo foi em vão.
>
> Assim que os condutores da nave perceberam a tentativa, ligaram uma avançada tecnologia sonora que atingia as regiões mais inferiores. O som era muito similar ao silvo que a serpente faz quando movimenta a língua e que pôde

ser ouvido, inclusive, por nossa equipe. Era assustador o que estávamos assistindo. Os soldados armados das trevas que foram atingidos diretamente pelos silvos ficavam imobilizados. Alguns tentavam resistir, mas pareciam enlouquecer e saíam correndo sem direção, para depois se jogar involuntariamente no chão, se arrastando até parar em completa catatonia[4]. Era uma cena estarrecedora.

Após a limpeza, aproveitamos essa condição para fazer uma higienização energética naquelas criaturas, pois nada mais poderia ser feito naquele instante.

A nave seguia seu caminho deixando uma tremenda sensação de derrota e frustração nas equipes organizadas das sombras que utilizavam daquela nuvem de miasmas destruídas pelo trabalho de saneamento astral."

Essa mesma tecnologia saneadora das naves, que foi emprestada de planetas mais avançados, inspirou a multiplicação de máquinas similares e menores nas organizações astrais, para execução da mesma tarefa em contextos específicos. No Hospital Esperança, no Lar de Tereza de Jesus e em tantos outros núcleos de socorro temos usado tais recursos que podem, por exemplo, ser usados para fazer a limpeza nas auras de organizações do mundo físico, tais como penitenciárias, hospitais, escolas, lares, centros espíritas, templos religiosos, câmaras e sedes governamentais, na ONU e em quaisquer

---

[4] A Catatonia é uma perturbação do comportamento motor que pode ter causa psicológica ou neurológica. A sua forma mais conhecida envolve uma posição rígida e imóvel que pode durar horas, dias ou semanas.

outros ambientes que sua atuação diga respeito à sociedade e aos povos.

Além da equipe do Arcanjo Miguel, temos grupos enormes de trabalhadores que foram preparados por assessores mais avançados na formação de autênticos lixeiros noturnos dessas comunidades específicas. Esse é um trabalho setorizado e hierarquizado que se derivou dessas ações mais amplas junto ao nosso abençoado planeta. Falar dessa faxina astral demandaria outro livro.

Sob a coordenação do Arcanjo Miguel temos sete grandes núcleos de ação no mundo espiritual contra esses sete vales da maldade organizada. As bases desses núcleos estão no astral das regiões descritas pela grande Fraternidade Branca[5].

Poderia indicar algum exercício que nos ajude a lembrar das atividades noturnas?

Oração, para adquirir experiência com as forças mentais, desenvolvimento da sensibilidade na captação de energias e sólido compromisso moral com a vida.

Quando em desdobramento pelo sono, somos facilmente identificados por todos os desencarnados?

A rigor sim, mas existem pessoas que, ao saírem da matéria física, se transformam nas personagens ou nas máscaras

---

[5] As bases desses núcleos localizam-se em alguns pontos do astral equivalente a regiões no plano físico, como por exemplo no Templo de Luxor no Egito. Algumas referências desse Templo são encontradas no livro *Os dragões*, em seu prefácio de autoria de Magíster Seraphis Bey.

que carregam enquanto acordadas. Por esse motivo, podem se apresentar bem distintas e confundir as pessoas.

Quais os efeitos dos medicamentos para dormir, classificados como de tarja preta, no desdobramento do médium? Eles interferem no rendimento do seu trabalho no período do sono?

As medicações dessa natureza têm interferência decisiva na emancipação, ora travando a sua saída, ora expulsando o espírito do corpo. Em ambos os casos ocorrem movimentos artificiais provocados pela ação medicamentosa, o que limita a ação fora da matéria.

O fato de não nos lembrarmos do que acontece no estado de emancipação da alma significa que não houve atividade durante o desdobramento? Ficamos presos ao corpo?

De forma alguma. Quando há lembrança, isso não é indício de que houve atividade, indica a necessidade que a pessoa tem de entender o recado que sua mente o permitiu recordar. Não existe noite sem atividade fora do corpo, mesmo que essa atividade seja somente dormir ao lado do corpo.

Os sonhos, ao se tornarem recorrentes, podem ser apenas reflexo do que foi vivido durante o dia?

Os sonhos recorrentes têm várias finalidades, uma delas é a de alertar as pessoas sobre pendências, naquele assunto, que necessitam de urgente ajustamento.

Normalmente, antes de dormir, fazemos nossas orações e tentamos nos ligar, de alguma forma, com os amigos espirituais, pedindo luz sobre coisas que temos de resolver ou caminhos a seguir. Quando não temos as respostas, será que nossas dúvidas não foram mesmo respondidas ou não estamos sabendo interpretar os recados?

Costumeiramente, o homem na Terra não consegue interpretar com honestidade emocional os recados recebidos de seus benfeitores nas suas noites de emancipação.

Se uma pessoa está realizando alguma atividade fora do corpo durante o sono e do lado da sua casa acontece um barulho de um foguete ou algo similar, ela volta correndo para o corpo?

Volta sim, por instinto natural de conservação, e pode interromper a atividade que exercia fora do corpo.

Por essa razão, sempre que possível, preferimos o horário do sono mais profundo, conhecido como sono REM[6], que permite a algumas pessoas um desligamento mais seguro das sensações físicas.

---

[6] REM (Rapid Eye Movement ou Movimento Rápido do Olho, em português) é a fase do sono na qual ocorrem os sonhos mais vívidos e a atividade cerebral é similar àquela que se passa nas horas em que se está acordado. As pessoas acordadas durante o sono REM normalmente sentem-se alertas, com maior índice de atenção, ou mais dispostas e prontas para a atividade normal.

Alguém que contenha durante o dia os seus impulsos afetivos e sexuais com relação a uma pessoa comprometida e deseja ardentemente um relacionamento com ela, pode ir procurá-la e extravasar esses impulsos fora do corpo?

Quase sempre os relacionamentos impossíveis ou desaconselháveis começam fora do corpo físico, durante a noite, em função da tormenta mental e sexual que têm dominado muitos corações.

Um médium que está fora do corpo à noite pode tomar contato prévio com algum trabalho ou mensagem que ele vai intermediar durante o exercício da sua mediunidade no centro espírita?

Sim, e esse é o caminho mais usual para se criar um relacionamento confiável entre o médium e seus benfeitores.

Um pai ou uma mãe, muito apegados aos filhos ou com atitudes doentias de codependência e controle podem ter dificuldades no contato com eles fora da matéria durante a noite?

O que acontece durante a vigília também acontece fora do corpo e, às vezes, até com mais intensidade. Caso não haja um redirecionamento, com o passar do tempo esse comportamento pode adoecer todo o grupo familiar, causando insônia e outros efeitos na saúde.

Existe algum setor no Hospital Esperança no qual as mães podem obter notícias de seus filhos desencarnados?

Sim, existe. Nas escolas preparatórias temos um serviço especializado sobre o assunto e nenhuma mãe fica sem notícia de seu filho e, em alguns casos, são permitidos verdadeiros reencontros de amor.

Podem os pais encontrar com seus filhos antes mesmo do renascimento durante o sono?

Sim. Isso pode acontecer nos setores de preparação e planejamento de reencarnações de várias organizações, para facilitar o melhor entrosamento entre espíritos que já trazem conflitos de outras vidas ou ainda para acalentar o clima de acolhimento entre os pais e o futuro filho.

Que mensagem final a senhora nos daria sobre o tema deste livro?

Que todos aqueles que desejam ter uma vida mais saudável e desenvolver uma sensibilidade mais apurada perante a vida procurem dar mais atenção a todas as informações da ciência e da espiritualidade sobre a riqueza de se dormir bem.

EXPERIÊNCIAS DURANTE O SONO

HISTÓRIAS ENVIADAS PELOS LEITORES

O inferno

Minha experiência mais marcante durante o sono foi, sem dúvida, a minha saída consciente do corpo. Pude vê-lo deitado na cama enquanto eu saía pelo teto — a visão era confusa, não sabia se o enxergava de frente ou de costas, de cima ou de baixo. Dali, eu fui — com aquele que acredito ser meu mentor — até um lugar muito frio e escuro, iluminado apenas pela lua. À nossa volta as pessoas andavam com um olhar perdido, parecendo desesperadas e assemelhando-se a zumbis.

Lembro que, a certa hora, perguntei "Onde está o fogo?".

Aquela era a referência do inferno que até então eu acreditava existir. Também perguntei por que eles não nos viam, recebendo como resposta apenas que "ali era o lugar para onde iam os suicidas".

O mais engraçado é que, apesar de parecer ser nosso primeiro encontro, conversei como se já o conhecesse há décadas. Lembro-me muito pouco do local para onde, rapidamente, fomos a seguir, mas era um lugar lindo, ensolarado, com um belo gramado, muros enormes e um portão na frente, como daqueles castelos de filme. Vários amigos me esperavam e vieram sorrindo me abraçar.

De repente, parece que a cena foi cortada, e só me lembro de quando estava indo embora, novamente cercada por essas pessoas e pelo meu mentor. Por um segundo parei. A paz era tão grande que parecia que nada mais importava. Ali eu era feliz, ali era minha casa. Então, eu disse "Não quero ir embora, quero ficar!".

Mas meu mentor falou que era preciso voltar. Quando insisti, ele tocou meu braço e repetiu, de forma incisiva: "L, você precisa voltar, AGORA!".

E então foi como se eu tivesse despencado em cima do meu próprio corpo, de uma forma tão violenta que ele estremeceu todo. Fiquei por horas pensando em como eu tinha vivido tudo aquilo. Perguntava-me sem parar "Será que eu morri e voltei?".

Anos depois — e já espírita —, reconheci os lugares que visitei enquanto assistia ao filme Nosso lar. Tratava-se do Vale dos Suicidas e de uma colônia espiritual. Pude, então, entender um pouco do que aconteceu comigo; pouco tempo antes dessa experiência eu estava muito deprimida e pensava em suicídio. Definitivamente, nada, nada é por acaso. Levo pra sempre essa experiência em meu coração e sou grata por isso!

L., 32 anos

Rio de Janeiro / RJ

O céu

Há cerca de cinco anos eu me questionava sobre a minha mediunidade e sobre como poderia desenvolvê-la na casa espírita. Vivia aflita e procurando respostas, mas nenhuma casa abria as portas para mim — todos diziam que eu não podia participar de reuniões mediúnicas sem antes fazer o estudo das Obras básicas, dos módulos do ESDE, e ainda precisava ter mediunidade ostensiva.

Eu sentia uma energia incrível nas mãos e minha intuição também era muito forte. Então vinham aquelas dúvidas: "Como usar esta energia?" ou "Será que posso ajudar alguém?". Mas ninguém sabia me responder.

Certa noite, naquela mesma época, tive um sonho do qual não consigo me esquecer. Sonhei que estava na varanda da minha casa, pensando tristemente sobre a minha mediunidade, interrogando-me se algum dia eu poderia ajudar as pessoas com a minha energia, quando apareceu na minha frente um homem branco e alto que começou a conversar comigo sobre a minha mediunidade, me pedindo que eu ficasse calma, pois iria me ajudar. Passado algum tempo, ele me disse: "Para você desenvolver a sua mediunidade, precisa aprender a contemplar a Terra".

E eu logo perguntei: "Como posso contemplar a Terra?"

"Vamos volitar sobre o céu e apreciar tudo lá de cima."

"Não sei volitar."

"Não se preocupe, eu te ensino."

O homem segurou novamente as minhas mãos e num instante eu estava sobre as nuvens. Não era como se eu estivesse voando, era uma sensação diferente, de leveza do corpo sobre o ar. Fui até bem alto e lá de cima pude realmente contemplar a beleza da Terra e sua natureza era exuberante. Quando olhamos do alto tudo parece fácil e maravilhoso, como se pudéssemos ter o controle sobre todas as coisas.

Acordei quando ainda estava volitando. Depois desse sonho fiquei bem mais tranquila e procurei estudar de acordo com as minhas possibilidades. Com o tempo, acabei descobrindo que minha mediunidade está voltada para a evangelização de crianças e o auxílio de passes. E hoje eu tenho certeza que posso contribuir com a obra do Mestre Jesus, procurando ter pensamentos positivos e envolvendo a Terra com minhas vibrações de paz e amor.

Passados mais ou menos três meses, fui participar de uma Oficina da Mediunidade e, por coincidência, o palestrante era o homem que me levou para contemplar a Terra no meu sonho. Não consegui me conter de emoção e fui correndo contar para ele o que havia sonhado.

M., 41 anos

Teófilo Otoni / MG

O bebê

Um dia sonhei que estava tudo escuro na minha frente e questionei: "Por que está tudo escuro?"

Uma voz jovem e masculina me respondeu: "Afaste-se um pouco e observe".

Ao me afastar comecei a ver que eu olhava bem de perto muitos cabelos pretos, então perguntei: "O que é isso?"

"Observe com atenção!"

Comecei a observar e notei que os cabelos eram bem curtos, fartos e estavam molhados. E, quando eu já ia perguntar novamente, a voz jovem, com muita doçura e firmeza, pediu que me afastasse lentamente e prestasse bastante atenção. Obedeci. Aquele emaranhado de cabelos foi ficando mais distante e pude notar que eles desenhavam o contorno de uma pequena cabeça.

Antes que eu formulasse a próxima pergunta, a mesma voz, com sua doçura característica, me respondeu prontamente: "Continue afastando-se lentamente e mantenha a atenção!"

Assim eu fiz, e fiquei deslumbrada com a visão que surgia diante de mim. Era um bebê lindo, e estava nu! A voz pediu detalhes do bebê e eu comecei a narrar: "É um lindo bebê de cabelos pretos, pele branca, do sexo masculino; e estou surpresa pelo fato dele estar envolto por água e todo encolhido".

A visão era maravilhosa. Naquele exato momento a voz me informou que se tratava de um bebê que estava prestes a nascer e me solicitou informações sobre seu estado. Com um simples movimento de me afastar e reaproximar, consegui ver e descrever detalhes do corpo do bebê, por fora e por dentro. Vi os órgãos internos, cordão umbilical e placenta, quando percebi que o bebê estava num local muito pequeno para seu tamanho. Passei todas as informações que pude obter e tive a certeza de que tanto a mãe quanto o filho estavam bem e que, de fato, o bebê estava pronto para nascer.

A voz pediu que me afastasse lentamente até a imagem do bebê desaparecer da frente dos meus olhos, surgindo no lugar a pele lisa de uma mão espalmada em frente à barriga de uma gestante. Para minha surpresa, era minha própria mão.

Acordei maravilhada! Depois deste sonho tive outros, nos quais eu estava sempre numa enfermaria, com vários leitos colocados lado a lado, e a voz jovem e masculina sempre do meu lado direito, passando orientações sobre como proceder, observar, anotar e, algumas vezes, pedindo meu relato sobre algum leito específico.

No sonho com o bebê a minha visão funcionou como a objetiva de um microscópio e, nos sonhos seguintes, minha percepção melhorou cada vez mais.

N., 53 anos

Belo Horizonte / MG

FICHA TÉCNICA

Título
Um terço da vida

Autor
Espírito Ermance Dufaux
Psicografia de Wanderley Oliveira

Edição
1ª

ISBN
978-85-63365-79-8

Capa
Lucas Willian

Projeto gráfico e Diagramação
Douglas Nunes Brandão

Preparação de originais
Maria José e Nilma Helena

Revisão ortográfica
Douglas Nunes Brandão
Nilma Helena

Assistente Editorial
Douglas Nunes Brandão

Composição
Adobe Indesign CC 2015
(plataforma Windows 10)

Páginas
281

Tamanho
Miolo: 16 x 23 cm
Capa: 53 x 23 cm

Tipografia
Texto: Charis SIL, 12,5 pts
Títulos: Bodoni MT, 59 pts

Margens
22 mm; 25 mm; 28 mm; 22 mm
(superior; inferior; interna; externa)

Papel
Miolo em Pólen 70 g/m²
Capa em Cartão Supreme 250 g/m²

Cores
Miolo: 1x1 CMYK
Capa: 4x0 CMYK

Impressão
Instituto d'esperançe

Acabamento
Miolo: Brochura, cadernos de 32 páginas, costurados e colados.

Tiragem
1.000

Produção
Janeiro / 2023

NOSSAS PUBLICAÇÕES

SÉRIE **AUTOCONHECIMENTO**

DEPRESSÃO E AUTOCONHECIMENTO - COMO EXTRAIR PRECIOSAS LIÇÕES DESSA DOR

A proposta de tratamento complementar da depressão aqui abordada tem como foco a educação para lidar com nossa dor, que muito antes de ser mental, é moral.

Wanderley Oliveira
16 x 23 cm
235 páginas

ebook

FALA, PRETO VELHO

Um roteiro de autoproteção energética através do autoamor. Os textos aqui desenvolvidos permitem construir nossa proteção interior por meio de condutas amorosas e posturas mentais positivas, para criação de um ambiente energético protetor ao redor de nossas vidas.

Wanderley Oliveira | Pai João de Angola
16 x 23 cm
291 páginas

ebook

QUAL A MEDIDA DO SEU AMOR?

Propõe revermos nossa forma de amar, pois estamos mais próximos de uma visão particularista do que de uma vivência autêntica desse sentimento. Superar limites, cultivar relações saudáveis e vencer barreiras emocionais são alguns dos exercícios na construção desse novo olhar.

Wanderley Oliveira | Ermance Dufaux
16 x 23 cm
208 páginas

ebook

APAIXONE-SE POR VOCÊ

Você já ouviu alguém dizer para outra pessoa: "minha vida é você"?
Enquanto o eixo de sua sustentação psicológica for outra pessoa, a sua vida estará sempre ameaçada, pois o medo da perda vai rondar seus passos a cada minuto.

Wanderley Oliveira
16 x 23 cm
152 páginas

A VERDADE ALÉM DAS APARÊNCIAS - O UNIVERSO INTERIOR

Liberte-se da ansiedade e da angústia, direcionando o seu espírito para o único tempo que realmente importa: o presente. Nele você pode construir um novo olhar, amplo e consciente, que levará você a enxergar a verdade além das aparências.

Samuel Gomes
16 x 23 cm
272 páginas

DESCOMPLIQUE, SEJA LEVE

Um livro de mensagens para apoiar sua caminhada na aquisição de uma vida mais suave e rica de alegrias na convivência.

Wanderley Oliveira
16 x 23 cm
238 páginas

7 CAMINHOS PARA O AUTOAMOR

O tema central dessa obra é o autoamor que, na concepção dos educadores espirituais, tem na autoestima o campo elementar para seu desenvolvimento. O autoamor é algo inato, herança divina, enquanto a autoestima é o serviço laborioso e paciente de resgatar essa força interior, ao longo do caminho de volta à casa do Pai.

Wanderley Oliveira | Pai João de Angola
16 x 23 cm
272 páginas

A REDENÇÃO DE UM EXILADO

A obra traz informações sobre a formação da civilização, nos primórdios da Terra, que contou com a ajuda do exílio de milhões de espíritos mandados para cá para conquistar sua recuperação moral e auxiliar no desenvolvimento das raças e da civilização. É uma narrativa do Apóstolo Lucas, que foi um desses enviados, e que venceu suas dificuldades íntimas para seguir no trabalho orientado pelo Cristo.

Samuel Gomes | Lucas
16 x 23 cm
368 páginas

AMOROSIDADE - A CURA DA FERIDA DO ABANDONO

Uma das mais conhecidas prisões emocionais na atualidade é a dor do abandono, a sensação de desamparo. Essa lesão na alma responde por larga soma de aflições em todos os continentes do mundo. Não há quem não esteja carente de ser protegido e acolhido, amado e incentivado nas lutas de cada dia.

Wanderley Oliveira | Ermance Dufaux
16 x 23 cm
300 páginas

MEDIUNIDADE - A CURA DA FERIDA DA FRAGILIDADE

Ermance Dufaux vem tratando sobre as feridas evolutivas da humanidade. A ferida da fragilidade é um dos traços mais marcantes dos aprendizes da escola terrena. Uma acentuada desconexão com o patrimônio da fé e do autoamor, os verdadeiros poderes da alma.

Wanderley Oliveira | Ermance Dufaux
16 x 23 cm
235 páginas

CONECTE-SE A VOCÊ - O ENCONTRO DE UMA NOVA MENTALIDADE QUE TRANSFORMARÁ A SUA VIDA

Este livro vai te estimular na busca de quem você é verdadeiramente. Com leitura de fácil assimilação, ele é uma viagem a um país desconhecido que, pouco a pouco, revela características e peculiaridades que o ajudarão a encontrar novos caminhos. Para esta viagem, você deve estar conectado a sua essência. A partir daí, tudo que você fizer o levará ao encontro do propósito que Deus estabeleceu para sua vida espiritual.

Rodrigo Ferretti
16 x 23 cm
256 páginas

APOCALIPSE SEGUNDO A ESPIRITUALIDADE - O DESPERTAR DE UMA NOVA CONSCIÊNCIA

Num curso realizado em uma colônia do plano espiritual, o livro Apocalipse, de João Evangelista, é estudado de forma dinâmica e de fácil entendimento, desvendando a simbologia das figuras místicas sob o enfoque do autoconhecimento.

Samuel Gomes
16 x 23 cm
313 páginas

VIDAS PASSADAS E HOMOSSEXUALIDADE - CAMINHOS QUE LEVAM À HARMONIA

"Vidas Passadas e Homossexualidade" é, antes de tudo, um livro sobre o autoconhecimento. E, mais que uma obra que trada do uso prático da Terapia de Regressão às Vidas Passadas . Em um conjunto de casos, ricamente descritos, o leitor poderá compreender a relação de sua atual encarnação com aquelas que ele viveu em vidas passadas. O obra mostra que absolutamente tudo está interligado. Se o leitor não encontra respostas sobre as suas buscas psicológicas nesta vida, ele as encontrará conhecendo suas vidas passadas.
Samuel Gomes

Dra. Solange Cigagna
16 x 23 cm
364 páginas

SÉRIE CONSCIÊNCIA DESPERTA

SAIA DO CONTROLE - UM DIÁLOGO TERAPEUTICO E LIBERTADOR ENTRE A MENTE E A CONSCIÊNCIA

Agimos de forma instintiva por não saber observar os pensamentos e emoções que direcionam nossas ações de forma condicionada. Por meio de uma observação atenta e consciente, identificando o domínio da mente em nossas vidas, passamos a viver conscientes das forças internas que nos regem.

Rossano Sobrinho
16 x 23 cm
268 páginas

SÉRIE CULTO NO LAR

VIBRAÇÕES DE PAZ EM FAMÍLIA

Quando a família se reune para orar, ou mesmo um de seus componetes, o ambiente do lar melhora muito. As preces são emissões poderosas de energia que promovem a iluminação interior. A oração em família traz paz e fortalece, protege e ampara a cada um que se prepara para a jornada terrena rumo à superação de todos os desafios.

Wanderley Oliveira | Ermance Dufaux
16 x 23 cm
212 páginas

JESUS - A INSPIRAÇÃO DAS RELAÇÕES LUMINOSAS

Após o sucesso de "Emoções que curam", o espírito Ermance Dufaux retorna com um novo livro baseado nos ensinamentos do Cristo, destacando que o autoamor é a garantia mais sólida para a construção de relacionamentos luminosos.

Wanderley Oliveira | Ermance Dufaux
16 x 23 cm
304 páginas

REGENERAÇÃO - EM HARMONIA COM O PAI

Nos dias em que a Terra passa por transformações fundamentais, ampliando suas condições na direção de se tornar um mundo regenerado, é necessário desenvolvermos uma harmonia inabalável para aproveitar as lições que esses dias nos proporcionam por meio das nossas decisões e das nossas escolhas, [...].

Samuel Gomes | Diversos Espíritos
16 x 23 cm
223 páginas

PRECES ESPÍRITAS

Porque e como orar?
O modo como oramos influi no resultado de nossas preces?
Existe um jeito certo de fazer a oração?
Allan Kardec nos afirma que *"não há fórmula absoluta para a prece"*, mas o próprio Evangelho nos orienta que *"quando oramos, devemos entrar no nosso aposento interno do coração e, fechando a porta, busquemos Deus que habita em nós; e Ele, que vê nossa mais secreta realidade espiritual, nos amparará em todas as necessidades. Ao orarmos, evitemos as repetições de orações realizadas da boca para fora, como muitos que pensam que por muito falarem serão ouvidos. Oremos a Deus em espírito e verdade porque nosso Pai sabe o que nos é necessário, antes mesmo de pedirmos".*
(Mateus 6:5 a 8)

Allan Kardec
16 x 23 cm
145 páginas

O EVANGELHO SEGUNDO O ESPIRITISMO

O Evangelho de Jesus Cristo foi levado ao mundo por meio de seus discípulos, logo após o desencarne do Mestre na cruz. Mas o Evangelho de Cristo foi, muitas vezes, alterado e deturpado através de inúmeras edições e traduções do chamado Novo Testamento. Agora, a Doutrina Espírita, por meio de um trabalho sob a óptica dos espíritos e de Allan Kardec, vem jogar luz sobre a verdadeira face de Cristo e seus ensinamentos de perdão, caridade e amor.

Allan Kardec
16 x 23 cm
431 páginas

 ## SÉRIE DESAFIOS DA CONVIVÊNCIA

QUEM SABE PODE MUITO. QUEM AMA PODE MAIS

A lição central desta obra é mostrar que o conhecimento nem sempre é suficiente para garantir a presença do amor nas relações. "Estar informado é a primeira etapa. Ser transformado é a etapa da maioridade." - Eurípedes Barsanulfo.

Wanderley Oliveira | José Mário
16 x 23 cm
312 páginas

QUEM PERDOA LIBERTA - ROMPER OS FIOS DA MÁGOA ATRAVÉS DA MISERICÓRDIA

Continuação do livro "QUEM SABE PODE MUITO. QUEM AMA PODE MAIS" dando sequência à trilogia "Desafios da Convivência".

Wanderley Oliveira | José Mário
16 x 23 cm
320 páginas

SERVIDORES DA LUZ NA TRANSIÇÃO PLANETÁRIA

Nesta obra recebemos o convite para nos integrar nas fileiras dos Servidores da Luz, atuando de forma consciente diante dos desafios da transição planetária. Brilhante fechamento da trilogia.

Wanderley Oliveira | José Mário
14x21 cm
298 páginas

SÉRIE ESPÍRITOS DO BEM

GUARDIÕES DO CARMA - A MISSÃO DOS EXUS NA TERRA

Pai João de Angola quebra com o preconceito criado em torno dos exus e mostra que a missão deles na Terra vai além do que conhecemos. Na verdade, eles atuam como guardiões do carma, nos ajudando nos principais aspectos de nossas vidas.

Wanderley Oliveira | Pai João de Angola
16 x 23 cm
288 páginas

GUARDIÃS DO AMOR - A MISSÃO DAS POMBAGIRAS NA TERRA

"São um exemplo de amor incondicional e de grandeza da alma. São mães dos deserdados e angustiados. São educadoras e desenvolvedoras do sagrado feminino, e nesse aspecto são capazes de ampliar, nos homens e nas mulheres, muitas conquistas que abrem portas para um mundo mais humanizado, [...]".

Wanderley Oliveira | Pai João de Angola
16 x 23 cm
232 páginas

GUARDIÕES DA VERDADE - NADA FICARÁ OCULTO

Neste momento de batalhas decisivas rumo aos tempos da regeneração, esta obra é um alerta que destaca a importância da autenticidade nas relações humanas e da conduta ética como bases para uma forma transparente de viver. A partir de agora, nada ficará oculto, pois a Verdade é o único caminho que aguarda a humanidade para diluir o mal e se estabelecer na realidade que rege o universo.

Wanderley Oliveira | Pai João de Angola
16 x 23 cm
236 páginas

SÉRIE ESTUDOS DOUTRINÁRIOS

ATITUDE DE AMOR

Opúsculo contendo a palestra "Atitude de Amor" de Bezerra de Menezes, o debate com Eurípedes Barsanulfo sobre o período da maioridade do Espiritismo e as orientações sobre o "movimento atitude de amor". Por uma efetiva renovação pela educação moral.

Wanderley Oliveira | Ermance Dufaux e Cícero Pereira
14 x 21 cm
94 páginas

SEARA BENDITA

Um convite à reflexão sobre a urgência de novas posturas e conceitos. As mudanças a adotar em favor da construção de um movimento social capaz de cooperar com eficácia na espiritualização da humanidade.

Wanderley Oliveira e Maria José Costa | Diversos Espíritos
14 x 21 cm
284 páginas

Gratuito em nosso site, somente em:

NOTÍCIAS DE CHICO

"Nesta obra, Chico Xavier afirma com seu otimismo natural que a Terra caminha para uma regeneração de acordo com os projetos de Jesus, a caracterizar-se pela tolerância humana recíproca e que precisamos fazer a nossa parte no concerto projetado pelo Orientador Maior, principalmente porque ainda não assumimos responsabilidades mais expressivas na sustentação das propostas elevadas que dizem respeito ao futuro do nosso planeta."

Samuel Gomes | Chico Xavier
16 x 23 cm
181 páginas

SÉRIE FAMÍLIA E ESPIRITUALIDADE

UM JOVEM OBSESSOR - A FORÇA DO AMOR NA REDENÇÃO ESPIRITUAL

Um jovem conta sua história, compartilhando seus problemas após a morte, falando sobre relacionamentos, sexo, drogas e, sobretudo, da força do amor na redenção espiritual.

Adriana Machado | Jefferson
16 x 23 cm
392 páginas

UM JOVEM MÉDIUM - CORAGEM E SUPERAÇÃO PELA FORÇA DA FÉ

A mediunidade é um canal de acesso às questões de vidas passadas que ainda precisam ser resolvidas. O livro conta a história do jovem Alexandre que, com sua mediunidade, se torna o intermediário entre as histórias de vidas passadas daqueles que o rodeiam tanto no plano físico quanto no plano espiritual. Surpresos com o dom mediúnico do menino, os pais, de formação Católica, se veem às voltas com as questões espirituais que o filho querido traz para o seio da família.

Adriana Machado | Ezequiel
16 x 23 cm
365 páginas

RECONSTRUA SUA FAMÍLIA - CONSIDERAÇÕES PARA O PÓS-PANDEMIA

Vivemos dias de definição, onde nada mais será como antes. Necessário redefinir e ampliar o conceito de família. Isso pode evitar muitos conflitos nas interações pessoais. O autoconhecimento seguido de reforma íntima será o único caminho para transformação do ser humano, das famílias, das sociedades e da humanidade.

Dr. Américo Canhoto
16 x 23 cm
237 páginas

SÉRIE HARMONIA INTERIOR

LAÇOS DE AFETO - CAMINHOS DO AMOR NA CONVIVÊNCIA

Uma abordagem sobre a importância do afeto em nossos relacionamentos para o crescimento espiritual. São textos baseados no dia a dia de nossas experiências. Um estímulo ao aprendizado mais proveitoso e harmonioso na convivência humana.

Wanderley Oliveira | Ermance Dufaux
16 x 23 cm
312 páginas

MEREÇA SER FELIZ - SUPERANDO AS ILUSÕES DO ORGULHO

Um estudo psicológico sobre o orgulho e sua influência em nossa caminhada espiritual. Ermance Dufaux considera essa doença moral como um dos mais fortes obstáculos à nossa felicidade, porque nos leva à ilusão.

Wanderley Oliveira | Ermance Dufaux
16 x 23 cm
296 páginas

REFORMA ÍNTIMA SEM MARTÍRIO - AUTOTRANSFORMAÇÃO COM LEVEZA E ESPERANÇA

As ações em favor do aperfeiçoamento espiritual dependem de uma relação pacífica com nossas imperfeições. Como gerenciar a vida íntima sem adicionar o sofrimento e sem entrar em conflito consigo mesmo?

Wanderley Oliveira | Ermance Dufaux
16 x 23 cm
288 páginas

 ebook | ESPANHOL | INGLÊS

PRAZER DE VIVER - CONQUISTA DE QUEM CULTIVA A FÉ E A ESPERANÇA

Neste livro, Ermance Dufaux, com seus ensinos, nos auxilia a pensar caminhos para alcançar nossas metas existenciais, a fim de que as nossas reencarnações sejam melhor vividas e aproveitadas.

Wanderley Oliveira | Ermance Dufaux
16 x 23 cm
248 páginas

 ebook

ESCUTANDO SENTIMENTOS - A ATITUDE DE AMAR-NOS COMO MERECEMOS

Ermance afirma que temos dado passos importantes no amor ao próximo, mas nem sempre sabemos como cuidar de nós, tratando-nos com culpas, medos e outros sentimentos que não colaboram para nossa felicidade.

Wanderley Oliveira | Ermance Dufaux
16 x 23 cm
256 páginas

 ebook | ESPANHOL

DIFERENÇAS NÃO SÃO DEFEITOS - A RIQUEZA DA DIVERSIDADE NAS RELAÇÕES HUMANAS

Ninguém será exatamente como gostaríamos que fosse. Quando aprendemos a conviver bem com os diferentes e suas diferenças, a vida fica bem mais leve. Aprenda esse grande SEGREDO e conquiste sua liberdade pessoal.

Wanderley Oliveira | Ermance Dufaux
16 x 23 cm
248 páginas

 ebook

EMOÇÕES QUE CURAM - CULPA, RAIVA E MEDO COMO FORÇAS DE LIBERTAÇÃO

Um convite para aceitarmos as emoções como forma terapêutica de viver, sintonizando o pensamento com a realidade e com o desenvolvimento da autoaceitação.

Wanderley Oliveira | Ermance Dufaux
16 x 23 cm
272 páginas

SÉRIE REFLEXÕES DIÁRIAS

PARA SENTIR DEUS

Nos momentos atuais da humanidade sentimos extrema necessidade da presença de Deus. Ermance Dufaux resgata, para cada um, múltiplas formas de contato com Ele, de como senti-Lo em nossas vidas, nas circunstâncias que nos cercam e nos semelhantes que dividem conosco a jornada reencarnatória. Ver, ouvir e sentir Deus em tudo e em todos.

Wanderley Oliveira | Ermance Dufaux
11 x 15,5 cm
133 páginas
Somente ebook

LIÇÕES PARA O AUTOAMOR

Mensagens de estímulo na conquista do perdão, da aceitação e do amor a si mesmo. Um convite à maravilhosa jornada do autoconhecimento que nos conduzirá a tomar posse de nossa herança divina.

Wanderley Oliveira | Ermance Dufaux
11 x 15,5 cm
128 páginas
Somente ebook

RECEITAS PARA A ALMA

Mensagens de conforto e esperança, com pequenos lembretes sobre a aplicação do Evangelho para o dia a dia. Um conjunto de propostas que se constituem em verdadeiros remédios para nossas almas.

Wanderley Oliveira | Ermance Dufaux
11 x 15,5 cm
146 páginas
Somente ebook

SÉRIE REGENERAÇÃO

FUTURO ESPIRITUAL DA TERRA

As necessidades, as estruturas perispirituais e neuropsíquicas, o trabalho, o tempo, as características sociais e os próprios recursos de natureza material se tornarão bem mais sutis. O futuro já está em construção e André Luiz, através da psicografia de Samuel Gomes, conta como será o Futuro Espiritual da Terra.

Samuel Gomes | André Luiz
16 x 23 cm
344 páginas

XEQUE-MATE NAS SOMBRAS - A VITÓRIA DA LUZ

André Luiz traz notícias das atividades que as colônias espirituais, ao redor da Terra, estão realizando para resgatar os espíritos que se encontram perdidos nas trevas e conduzi-los a passar por um filtro de valores, seja para receberem recursos visando a melhorar suas qualidades morais – se tiverem condições de continuar no orbe – seja para encaminhá-los ao degredo planetário.

Samuel Gomes | André Luiz
16 x 23 cm
212 páginas

A DECISÃO - CRISTOS PLANETÁRIOS DEFINEM O FUTURO ESPIRITUAL DA TERRA

"Os Cristos Planetários do Sistema Solar e de outros sistemas se encontram para decidir sobre o futuro da Terra na sua fase de regeneração. Numa reunião que pode ser considerada, na atualidade, uma das mais importantes para a humanidade terrestre, Jesus faz um pronunciamento direto sobre as diretrizes estabelecidas por Ele para este período."

Samuel Gomes | André Luiz e Chico Xavier
16 x 23 cm
210 páginas

SÉRIE ROMANCE MEDIÚNICO

OS DRAGÕES - O DIAMANTE NO LODO NÃO DEIXA DE SER DIAMANTE

Um relato leve e comovente sobre nossos vínculos com os grupos de espíritos que integram as organizações do mal no submundo astral.

Wanderley Oliveira | Maria Modesto Cravo
16 x 23cm
522 páginas

LÍRIOS DE ESPERANÇA

Ermance Dufaux alerta os espíritas e lidadores do bem de um modo geral, para as responsabilidades urgentes da renovação interior e da prática do amor neste momento de transição evolutiva, através de novos modelos de relação, como orientam os benfeitores espirituais.

Wanderley Oliveira | Ermance Dufaux
16 x 23 cm
508 páginas

AMOR ALÉM DE TUDO

Regras para seguir e rótulos para sustentar. Até quando viveremos sob o peso dessas ilusões? Nessa obra reveladora, Dr. Inácio Ferreira nos convida a conhecer a verdade acima das aparências. Um novo caminho para aqueles que buscam respeito às diferenças e o AMOR ALÉM DE TUDO.

Wanderley Oliveira | Inácio Ferreira
16 x 23 cm
252 páginas

ABRAÇO DE PAI JOÃO

Pai João de Angola retorna com conceitos simples e práticos, sobre os problemas gerados pela carência afetiva. Um romance com casos repletos de lutas, desafios e superações. Esperança para que permaneçamos no processo de resgate das potências divinas de nosso espírito.

Wanderley Oliveira | Pai João de Angola
16 x 23 cm
224 páginas

UM ENCONTRO COM PAI JOÃO

A obra também fala do valor de uma terapia, da necessidade do autoconhecimento, dos tipos de casamentos programados antes do reencarne, dos processos obsessivos de variados graus e do amparo de Deus para nossas vidas por meio dos amigos espirituais e seus trabalhadores encarnados. Narra também em detalhes a dinâmica das atividades socorristas do centro espírita.

Wanderley Oliveira | Pai João de Angola
16 x 23 cm
220 páginas

O LADO OCULTO DA TRANSIÇÃO PLANETÁRIA

O espírito Maria Modesto Cravo aborda os bastidores da transição planetária com casos conectados ao astral da Terra.

Wanderley Oliveira | Maria Modesto Cravo
16 x 23 cm
288 páginas

PERDÃO - A CHAVE PARA A LIBERDADE

Neste romance revelador, conhecemos Onofre, um pai que enfrenta a perda de seu único filho com apenas oito anos de idade. Diante do luto e diversas frustrações, um processo desafiador de autoconhecimento o convida a enxergar a vida com um novo olhar. Será essa a chave para a sua libertação?

Adriana Machado | Ezequiel
14 x 21 cm
288 páginas

ebook

1/3 DA VIDA - ENQUANTO O CORPO DORME A ALMA DESPERTA

A atividade noturna fora da matéria representa um terço da vida no corpo físico, e é considerada por nós como o período mais rico em espiritualidade, oportunidade e esperança.

Wanderley Oliveira | Ermance Dufaux
16 x 23 cm
279 páginas

ebook

NEM TUDO É CARMA, MAS TUDO É ESCOLHA

Somos todos agentes ativos das experiências que vivenciamos e não há injustiças ou acasos em cada um dos aprendizados.

Adriana Machado | Ezequiel
16 x 23 cm
536 páginas

ebook

RETRATOS DA VIDA - AS CONSEQUÊNCIAS DO DESCOMPROMETIMENTO AFETIVO

Túlio costumava abstrair-se da realidade, sempre se imaginando pintando um quadro; mais especificamente pintando o rosto de uma mulher.
Vivendo com Dora um casamento já frio e distante, uma terrível e insuportável dor se abate sobre sua vida. A dor era tanta que Túlio precisou buscar dentro de sua alma uma resposta para todas as suas angústias..

Clotilde Fascioni
16 x 23 cm
175 páginas

O PREÇO DE UM PERDÃO - AS VIDAS DE DANIEL

Daniel se apaixona perdidamente e, por várias vidas, é capaz de fazer qualquer coisa para alcançar o objetivo de concretizar o seu amor. Mas suas atitudes, por mais verdadeiras que sejam, o afastam cada vez mais desse objetivo. É quando a vida o para.

André Figueiredo e Fernanda Sicuro | Espírito Bruno
16 x 23 cm
333 páginas

Livros que transformam vidas!

Acompanhe nossas redes sociais

(lançamentos, conteúdos e promoções)

- @editoradufaux
- facebook.com/EditoraDufaux
- youtube.com/user/EditoraDufaux

Conheça nosso catálogo e mais sobre nossa editora. Acesse os nossos sites

Loja Virtual
- www.dufaux.com.br

eBooks, conteúdos gratuitos e muito mais
- www.editoradufaux.com.br

Entre em contato com a gente.

Use os nossos canais de atendimento

- (31) 99193-2230
- (31) 3347-1531
- www.dufaux.com.br/contato
- sac@editoradufaux.com.br
- Rua Contria, 759 | Alto Barroca | CEP 30431-028 | Belo Horizonte | MG